改良式蒸汽機、分離式冷凝器、齒輪聯動裝置、雙作用式發動機……
工業時代的開闢者,以機械動力武裝了全人類!

U0059062

安德魯‧卡內基 Andrew Carnegie｜著　　郭巧懿｜譯

瓦特傳
JAMES WATT

集發明家、科學家、機械工程師、匠人、學者桂冠於一身,
賦予人類「機械動力」,開啟工業時代新紀元!

——— 站在時代最前端的工業巨人 ———
詹姆斯‧瓦特!

目錄

目錄

前言

出版商請我執筆將詹姆斯‧瓦特的生平記述下來的時候，一開始我是拒絕了，那時我的思想正被別的事情所占據著。我曾覺得這個託辭很合理，不過在這件事情上是我錯了。我是否應該用手中的筆，將蒸汽機之父偉大而傳奇的一生呈現在讀者的面前呢？何況我還能有一筆錢入帳。不過有一點是我不得不承認的，無論是對蒸汽機，還是瓦特其人，我都的確知之甚少，也不明白應該如何得到相關的知識好滿足出版商較高的要求。用一句話概括，我雖然將寫作任務接下了，但最終的結果還是被退稿重寫，不過如果他們依然給予我充分的信任，並希望我繼續將這本書完成，我將全身心地投入到這本書的寫作當中。

現在，我對蒸汽機有所了解了，並深刻認知到這是一項偉大的發明，足可以稱得上是劃時代的、改變了世界的面貌。所以，在這裡我對出版商們深表謝意。

同時，我還要對兩位好友 —— 安格斯‧辛克雷爾和愛德華‧庫珀給予我的協助表示感謝，他們有系統地編輯整理了我的手稿。

以上所有工作的成果就是這本書。我覺得，如果大眾在閱讀這本書之後能夠有所收穫，那就可以稱得上是對我最大的褒獎。

安德魯‧卡內基

前言

第一章 童年和青少年時期

西元 1736 年 1 月 19 日，詹姆斯‧瓦特在蘇格蘭小城格里諾克出生，瓦特的家族是當地頗有影響力的一個家族，有不少很有身分的朋友和親戚。他的曾祖父是一位農場主，定居於亞伯丁郡，同時他也是一位堅定的誓約派，1644 年 9 月 12 日，在迪橋的克拉弗豪斯的格雷厄姆將軍與蘇格蘭清教徒之間的一場戰鬥中死去。戰爭結束之後，被驅離家鄉的他們一家人開始了逃難的生活。

　　瓦特的祖父湯瑪斯‧瓦特於西元 1642 年出生，後來在格里諾克附近的小鎮卡茨代克（現在隸屬格里諾克）定居，在那裡他創辦了一所學校，並且親任數學老師，後來又開設了航海學課程，這是專門開給當地的漁民和海員的。不過他在這些領域取得的一點點成就，根本不能和他的能力相提並論。他很有頭腦，才能卓著，所以很快青雲直上，獲封男爵爵位，並被任命為當地的市政官，在當時這個職位掌握著重要的司法權力。後來他又出任地區參議員，在當地可以說是聲望日隆。晚年的湯瑪斯‧瓦特在格里諾克購買了房產並定居了下來，還是格里諾克小城的首批居民。他一生從事過諸如船隻買賣維修、指南針、象限儀等航海設備維修等各式各樣的船運和外貿生意，總而言之，他做任何一個行當，都能做得有聲有色。

　　湯瑪斯‧瓦特和父親一樣，也是堅定的誓約派。西元 1683 年，因為拒絕接受教會的質詢，他被認定是「一位抵制法律的、

行為不端的校長」。他並沒有向教會屈服，而是繼續專注於教學工作。過了幾年，格里諾克地區長老會會議得出結論：他的「生活及言論沒有過錯」，並任命他為負責當地宗教儀式及民眾道德禮儀教育的長老會成員。這些職責中一項最重要的，就是根據約翰·諾克斯[01]堅持的原則教育年輕人，「任何一位父親，無論他擁有怎樣的身分或社會地位，都會在自己孩子的身上寄予厚望，特別是在他們的青年時期，我們所做的所有事情的目的，都是培養孩子們的品德和學問」。在這裡我們需要強調的是，面向大眾乃是義務教育的宗旨，這才是蘇格蘭社會進步的原動力所在。諾克斯在宗教領域取得了卓然的成就這一點盡人皆知，不過實際上，他在公共教育方面的貢獻的意義可能更大一些。他曾公開說，為了表達那些熱心對公共教育予以捐助的人們表示最誠摯的謝意，他若是不到蘇格蘭的每個教區都建立起一所永久的公立學校，便絕不會停下奮鬥的腳步。約翰·諾克斯堅持不懈地推廣全民義務教育，廣泛而深遠地影響整個蘇格蘭的民族性。

不久，西元 1696 年教育法在蘇格蘭國會通過，諾克斯最終實現了宿願。身為一位年高德劭的數學老師，瓦特的祖父任長老的時候也為格里諾克教區學校做了很多積極而成效顯著的工作，可以說為當地義務教育事業的發展貢獻頗多。

詹姆斯·瓦特是湯瑪斯·瓦特的小兒子，即本書主角的父

---

[01] 約翰·諾克斯（John Knox），西元 1505 至 1572 年，著名宗教改革領袖，清教主義創始人。

親，在湯瑪斯去世後也從事了他的老本行，成為了一名造船工匠，做的是船隻委託、購料加工的生意。手藝精湛的他在當地很受人尊敬，後來因為客戶太多，自己忙不過來，於是就在自家後院開了一家作坊，長期僱用一些工人，最多的時候工人多達 14 個。跟他的父親一樣，他也成為一位很有身分、聲望顯著的人。但是在接下來的幾年當中，他卻遭遇了接二連三的不幸，5 個孩子相繼夭折。他還遭受了的經濟上的打擊，他損失了一條價值連城的大帆船，他多年來累積下來的全部家業差不多全在這條船上了。不過隨後榮耀卻不期而至，那就是那個與他同名、後來聞名於世的兒子詹姆斯・瓦特降生了。他痛定思痛，一定要送小詹姆斯去讀大學，將來再也不能從事老本行了。

　　幸運的是，在這方面，瓦特可以說將長輩們的濃厚興趣和過人的天賦全都繼承了下來，不過老詹姆斯並沒能實現他的願望，否則人類歷史上不過是多了一個平凡得不能再平凡的學生，少的卻是一位偉大的發明家。正如莫立 [02] 先生在米德蘭學院發表的演講中所說：「早期的經歷決定了未來的成就，自身的興趣是工作的意義的來源」。對此，加菲爾德 [03] 總統也表示贊同，「對於一個年輕人而言，出生於貧賤之家，就是他們所能繼承到的最豐厚的遺產」。就我所了解的，巨額遺產對於那些出生

---

[02]　愛德華・莫立（Edward Morley），西元 1838 至 1923 年，美國物理學家、化學家。

[03]　詹姆斯・艾伯拉姆・加菲爾德（James Abram Garfield），西元 1831 至 1881 年，美國第 20 任總統，政治家、數學家。

富有家庭的孩子來說，對他們日後的發展的影響，往往是有一定的負面性的，這種現象足以充分詮釋以上權威人士的觀點，而且一定要知道，社會並不會因為你出生的家庭是富豪或者貴族，就為你提供特殊的照顧或者什麼發展的機遇。與此形成了鮮明對比的是，像瓦特的家庭那樣遭遇了意外而為了生計被迫辛勤工作的人而言，他們的付出必定可以獲得相應的回報，上面說的這兩種人，就如同蜜蜂社會中的雄蜂與工蜂。所以，那些出生貧困、飽經磨礪的人，才是真正能夠引領時代進步的人。

瓦特家族的三代人，就是瓦特的曾祖父、祖父以及父親，都可以說才能卓越的成功人士，他們穩步發展著事業，並且從事極具實效性的工作；他們都擁有高尚的德行，性情謹慎而謙和，深受鄰居們愛戴，在當地口碑極佳。

不過男人僅僅是家族成員的一部分，實際上在整個家族的發展過程中，女性成員同樣具有至關重要的作用。對於一個孩子而言，他的母親融合了保姆、僕人、家庭教師、道德榜樣等身分為一體，母親是什麼樣的人，在很大程度上決定了孩子未來朝什麼方向發展。所以，我們也一定要像關注那些男人那樣，對瓦特家族的女性成員給予關注：瓦特的母親艾格尼絲．米爾黑德是米爾黑德家族的後裔，這個家族的歷史悠久，能夠追溯到大衛一世統治時期（西元 1122 年）以前。華特．司各特[04]

---

[04] 華特．司各特（Walter Scott），西元 1771 至 1832 年，英國小說家、詩人、歷史學家。

編纂的《蘇格蘭邊區歌謠集》中，收錄的那首古老的歌謠〈米爾黑德領主〉，就是反映米爾黑德家族的，總之，在蘇格蘭數百年的動盪歷史中，這個家族扮演了重要角色。

　　瓦特家族三代人的高尚品行集中展現在瓦特的母親身上了，這是一位儒雅端莊的婦人，性情溫和，待人友善，舉止優雅，勤於家務，處事理性，鄰居們都很喜歡她。其他的相關作品中對這一點也有所提及。威廉森曾高度讚揚地她：「瓦特的母親艾格尼絲·米爾黑德女士天資聰穎且智慧絕倫，擅於操持家務，日常的瑣事都被她安排得井井有條，讓家人保持著愉悅的心情。」她氣質高貴，品格賢淑，在很多方面都做出了榜樣。我們能夠這樣說，瓦特一家高品味的生活方式是他母親打造的。當然，每位讀者對這種生活方式的含義都有不一樣的評判標準。20 多年前的某一次談話開啟了我自己對米爾黑德女士的了解，當時一位德高望重的婦人 —— 她已經是已經 85 歲的高齡 —— 曾饒有興致地跟我談起這位令人尊敬的市政官夫人。為了闡述瓦特家生活是多麼節儉，這位老婦人告訴我一件事，那時候的她還是個孩子，曾經在瓦特夫人家中待過一晚，她印象深刻的是，自己回家後，用吃驚的口吻跟媽媽說：「瓦特夫人桌子上只有兩支蠟燭！」另外一位受訪者也曾聲情並茂地描述她，並做出如下的讚頌：「一位完美的女人，像她這樣完美的女人再也不可能有了。」此外，當年的一位鄰居也將瓦特夫人視為高貴婦人的

典範，一提到她總是讚不絕口：「在鄰居們面前，她總是那麼友善、和藹和熱情。」

　　瓦特家族的幾代人都在事業上獲得了穩步的前進，不過在家族發展過程中跨出最偉大一步的，卻是艾格尼絲·米爾黑德。在家族發展問題上，有一點很重要，卻常常被我們所忽視，那就是對於一個比較古老的家族來說，其祖先在遺傳上對後代的影響實際上已經微乎其微了。我舉個例子，我們不妨給予塞西爾家族一些關注，稍加研究後，就會發現，現在塞西爾家族的成員們擁有的塞西爾血統還不到 0.4%；迄今為止，經過 12 代人持續與外族聯姻，每代人都只能從上一代身上那裡繼承一半的塞西爾血統，結果這個曾經顯赫一時的家族並沒有延續過往的輝煌。塞西爾家族中，最近一位稱得上續寫了祖先榮耀的成員，是新一屆首相，以及他那位才華橫溢、年紀輕輕就當上了國會議員的兒子。但是其實，這種重大轉折出現這個家族是可以想見的，是因為最近兩代人的婚姻，兩位嫁入塞西爾家族的女性帶來了新的優秀的血統，她們都是兩位平民家庭的女兒，並且都在事業上成就顯著，一位是首相的母親，另一位則是首相的妻子。同樣，這個規律也對瓦特家族適用，這個家族三代人的婚姻我們已經講述完畢，所以，本書的主角瓦特只是擁有他曾祖父 1/8 的血統，而其餘的 7/8 則都是從三位嫁入瓦特家族的女性那裡來的。所以，這位偉大的女性成員艾格尼絲·

米爾黑德對瓦特家族的發展產生很大的影響，她性情溫和善良，受過良好的教育因此睿智而博學，這位顯赫的米爾黑德家族的後裔身上還具備了凱爾特人所特有的敏感與熱情。

現在，時間來到了西元 1736 年，寧靜的格里諾克小鎮，我們這本書主角仍未到來，萬事俱備，在這樣的理想環境中，我們翹首以待，期待著智慧的火花從那個角落裡迸發出，期待著一個神聖時刻的到來，期待著那位天才降臨到我們身邊。終於，歷史性的時刻如期而至，開啟了機器大生產時代大門的偉人瓦特出現了。

在瓦特降生之前，溫柔善良的母親艾格尼絲·米爾黑德已經失去了幾個孩子，她的內心因接二連三的打擊而變得敏感而脆弱，堅持拒絕將孩子送去正規學校讀書，所以瓦特最初是在家中接受由父母進行的啟蒙教育，他也是在母親的耐心教導與精心呵護下度過的童年時代。但是瓦特是無比幸運的，他擁有一位無比偉大的母親。在母親的影響和指導下，他閱讀了很多詩歌還有傳奇故事，這些早期教育對他日後的發展影響很大。不過由於他最初在學校裡的成績並不算得上出眾，所以家庭啟蒙教育在他成長過程中的重大意義常常被人們忽視了。

可以想見，過於封閉的成長環境會對瓦特的性格產生負面的影響，而且還會缺失其他某些重要領域的教育。不過這個年輕人天資聰穎，只是他的天賦沒有在學校裡有機會表現。一

次，瓦特去格拉斯哥拜訪外祖母米爾黑德夫人時，將自己的天賦充分地展現了出來，親戚們發現，改變環境竟然可以讓這個敏感而內向的孩子受益良多，再聯想到家裡以往一直嚴格限制這個孩子的活動，他長期被局限於一個狹小的天地裡，在他身上發生的這些令人欣喜的變化我們就完全能夠理解了。他聲情並茂地朗誦蘇格蘭邊塞詩，講述極富傳奇色彩的歷史故事，外祖母一家人徹底被他感染了，外祖母、外祖父、堂兄弟姊妹們……所有人都沉浸在他的情緒和回憶當中，他們會為其中的英雄事蹟激動不已，徹夜難以入睡。在那段時間裡，這個有些害羞而且時常沉浸在自我世界裡的年輕人克服了自身的性格缺陷，將他的潛能完全釋放了出來。

在家裡，瓦特是個內向、害羞的孩子，不過到了外祖母那裡，身邊沒有了父母，他變得率性起來，可以無拘無束地將自己的想法表達出來。這個年輕人了解大量關於蘇格蘭的歷史文化、傳奇故事和詩歌，而且因為他的家裡幾代人都是堅定的誓約派，耳濡目染中他自然會知道許多本派殉道者的故事，比如希瑟和傑米曾相擁著被處以火刑。不過即便是瓦特這樣的天才，也不能不接受團體生活的鍛鍊，在學校裡，紀律與規則是孩子們最好的老師，這對塑造健全的人格是大有幫助的，對未來的發展也很有益處。

童年時代的其他事蹟，也預示著這個孩子將來一定會非常

有前途。通常過於早熟的孩子日後不會有什麼作為，不過瓦特卻是個特例，他就是個早熟的孩子，而且極有天賦。老詹姆斯的一位朋友曾經這樣勸他：「小詹姆斯已經 6 歲了，你應該送他去公立學校，別讓他在家裡浪費時間了。」但是老詹姆斯對此有點不以為然：「你在說這話之前，應該先知曉這孩子在家裡都學了些什麼知識。他現在正在嘗試用幾何學的方法來將一個難題解決，而且他十分喜歡繪畫，在我太太的指導下，這方面他也獲得了不小的進步。雖然身邊的玩具只有幾件，不過他對此並不介意，常常非常專注地研究那些小東西，有時還會拆開它們，再按照自己的想法搞出一些新奇的玩意兒來，每當做出一件滿意的作品，他都會成就感滿滿。」在那段漫長的、因為健康方面的問題而被關在家裡的時期，瓦特正是透過這些事情在生活中獲得了很多樂趣，這讓他的童年時代沒有那麼單調寂寞。

接下來，我們要說一說那個家喻戶曉的瓦特和開水壺的故事了。瓦特的堂姐坎貝爾夫人曾經跟他相處很長時間，她在西元 1798 年寫的回憶錄中這樣寫道：

一天晚上，她和姑媽米爾黑德夫人坐在茶几旁聊天，而堂弟卻一言不發，始終盯著火爐上的水壺發呆，她終於忍不住了生氣地質問堂弟：「詹姆斯·瓦特，我從來沒見過比你還懶的孩子，隨便找本書看也是一件更有意義的事情呀，一個小時了，你什麼都沒說，只是待在那裡，沒完沒了地蓋上壺蓋又揭開，

水開了，就用杯子和銀匙把壺嘴遮住，並還對著跳動的壺蓋出神。你這麼打發時間，心裡就沒有一點慚愧嗎？」

實際上，可以從更廣泛的角度，來對這個早熟的孩子經常專注於一些在別人眼中司空見慣的現象的原因進行分析，研究之後，我們就會發現，這些看起來荒謬的行為其實不無道理。我們可以將一系列發生在偉人身上的、讓後人津津樂道的傳奇故事進行類比，比如「牛頓與蘋果落地」、「布魯斯與蜘蛛」、「威廉·泰爾與蘋果」、「伽伐尼 [05] 與青蛙」、「伏特與溼抹布」、「華盛頓與小斧頭」等等。可以想像，假如歷史上這些善於打破常規的人沒有出現，那麼世界跟現在就會完全不同，正是因為他們有自己獨特的思考方式才能將我們的生活徹底改變，他們是無比寶貴的財富。現在，是時候將太多陳舊的傳統觀念摒棄了，幻想的翅膀一旦折斷，人類也就不再有前進的動力。所以，讓我們感悟偉人的事蹟與科學精神，同時慷慨地為那些同樣富於幻想精神的後來者送上積極的肯定與鼓勵，為他們的成長和發展創造良好的環境與空間。

老詹姆斯具有遠見卓識，在孩子的教育方面有自己的想法，在瓦特還小的時候，他就開始指導他的文學和算術學習，而且還在自己的作坊裡專門為兒子安排了一個小工作臺，這對瓦特後來的工作意義極為深遠，甚至可以說，這是他送給兒子

---

[05]　路易吉·伽伐尼（Luigi Galvani），西元 1737 至 1798 年，義大利醫生和物理學家，現代產科學先驅。

的一件珍貴無比的禮物。很快年輕的瓦特在這方面就展現了極大的天賦,手藝進步神速,作坊裡的一位工人叔叔曾經這樣誇獎他,「小詹姆斯的每個指頭上都刻著好運紋」,在工人之間,這段故事也被傳為佳話。儘管工作越來越複雜,但是小詹姆斯都能應付自如,老工匠們對一件又一件出自他那雙巧手的作品都讚嘆不已。甚至老詹姆斯也不得不承認,兒子儼然已成為了這間作坊的驕傲,老詹姆斯對兒子寄予厚望,希望他能繼承自己的事業,成為一位受人愛戴的手藝人。

祖父、父親和瓦特,瓦特家族的這三代人都因為精通儀器製造而備受愛戴,因為機械製造是實踐性很強的領域,絕大部分的改良和發明都來自於一線技術工人。正是這些經驗豐富的工人在實際生產過程中對現有的不成熟技術不斷進行改進,從而持續催生出新的生產方式,而那些脫離了生產實踐的人是無法有什麼重大發明的。這就好比極少有詩人是出生於富豪或貴族之家,所以我們就會知道,如果沒有從長輩那裡繼承了一雙靈巧的手,瓦特後來根本就不可能完成改良蒸汽機的發明,之前蒸汽機改良過程中的失敗經驗已經證實,脫離生產實踐的人並不具備完成這項工作的能力,能夠做到這一點的,只有技術工人。瓦特在改良蒸汽機的過程中,幾乎所有的精密零件還有試驗裝置都是他親手設計製作的。在他那個時代,幾乎沒有哪位發明家年輕時就擁有豐富的實踐經驗,但是瓦特便是如此,

就像他父親作坊裡的工人叔叔所預言的那樣，「小詹姆斯的每個指頭上都刻著好運紋」。

　　小學時的瓦特曾一度被認為是個非常糟糕的學生。那時候的他看起來沒有任何跡象顯示他未來會成長為一個天才。不過他在拉丁語和希臘語文學方面的天賦還是相當顯著的，因為小時候的他在母親的指導下，曾經閱讀過不少這方面的書籍，這個孩子的頭腦中裝滿了引人入勝的故事：比希臘半神更加偉岸的英雄形象，還有浪漫主義色彩豐富的傳說。但是周圍的人都忙著自己的事，沒人願意在傾聽這個孩子的故事上花時間，從而在那些民族文學作品中獲得更多有意義的啟示，而且人們通常對外族語言的認知都是非常表面化的，直到現在，還沒有人能徹底掌握任何一種非母語語言，以及其蘊含的深厚歷史文化內涵，因為每種語言都有獨特的思維方式，我們在學習外語時不可能將其與自己的母語徹底割裂開。這就好比死海的成因很多，但是根本原因只有一個，而一個人可以會說多種語言，但是他的母語卻只有一種。其實對於瓦特來說也是同樣的道理，熟悉蘇格蘭民族的文化就可以了。但是這個性格憂鬱而孤僻的孩子並不關心學校裡的事情，依然沉浸在自己的小天地裡，在心中一頁頁地翻閱著蘇格蘭的詩歌發展史，在布魯斯、華勒斯、約翰‧格雷厄姆等誓約派殉難英雄的傳奇故事中沉醉，自由暢快地閱讀著伯恩斯和華特‧司各特的散文及詩歌。不過有

一點需要強調，這些文學作品、傳奇故事之類的雜書並非瓦特真正的興趣所在。最終，這個孩子找到了一個學科，一個足以將他的求知熱情點燃的學科 —— 數學。如同卡萊爾[06] 說的那樣，「發現自己的興趣所在是一種莫大的幸福」。從這個意義來講，瓦特是幸運的，因為他在少年時期就找到了堅定不移的事業發展方向。對於年輕人而言，選擇職業無疑是一件至關重要的事情，然而在這個問題上瓦特卻沒有任何遲疑。換言之，我們也可以認為，是他的天賦讓這份職業選擇了他，「才能決定你可以做什麼，天賦決定你必須做什麼」。當神要一個人為某項神聖而艱巨的事業獻身時，自然會將這項事業所需要的天賦集於他一身，此時這個人的頭腦中，已經不可能有其他容納無關緊要事物的空間了，可以說他身上所具備的隨便哪點特質，都是服務於那項偉大使命的。「上帝為每個人都編織了一張網」，能力所及的一切都在這張網裡，瓦特的經歷就是一個最好的例子。15 歲的瓦特已經認真地看過兩遍《物理學原理》，並且做過很多的化學實驗，為了得到令人信服的結果，有時實驗還要重複做很多次。年紀輕輕的瓦特曾經獨立設計製造了一臺小發電機，這震驚了周圍的人。後來瓦特曾在格拉斯哥市的外祖父家裡住過一段時間，那時他結識了母親家族裡的一位遠房舅舅，他叫喬治·米爾黑德，是個非常有學識的人，透過舅舅他又認識了幾位博學的年輕人，瓦特淵博的學識和溫和謙遜的品格都讓他

---

[06] 湯瑪斯·卡萊爾（Thomas Carlyle），西元 1795 至 1881 年，英國作家。

們讚不絕口，瓦特在外祖父家裡度過了一個難忘的夏天，就像蘇格蘭民歌〈美麗的羅蒙湖畔〉所描繪的那樣，身邊有美麗的風景，還有博學且道德高尚的朋友，那段時間的一切對於這個年輕人而言都會成為美好的回憶。在那個夏天，瓦特彷彿對眼前的一切都好奇心十足，常常一個人不知疲倦地實驗研究，只為解決難題。同時他還學習了許多礦物學知識和植物學知識，閒暇時還會去市郊的村子裡轉轉，用幾個小時去了解當地凱爾特人的風俗和民歌。總之，在那幾個月裡，瓦特的學識有很大的進步。這個年輕人熱愛大自然，嚮往任由思維游走在自然的環境中，讓自己的心情得以徹底放鬆，同時他還是個喜歡幻想、充滿詩意、富含浪漫主義色彩的孩子。瓦特從那時起就養成了博覽群書的習慣，在日後的工作過程中，任何一本他能夠搜集到的書都不會放過，在沒有做足功課的情況下，他從來不會在同事們面前輕易便發表意見。華特·司各特曾這樣形容過瓦特，「從來沒見過像他這樣幾乎無所不知的人」。瓦特和華特先生在這一點上很像，他們跟誰談話時，都會表現得非常謙和友善，讓人感覺彷彿是在和一位兄長交流。這兩位蘇格蘭偉人在各自的領域都取得了享譽世界的成就，而且他們之間的共同點很多，他們都是人格魅力超群的人。

　　瓦特年輕時唯一熱衷的活動就是釣魚，艾薩克·華爾頓 [07] 曾

---

[07]　艾薩克·華爾頓（Izaak Walton），西元 1593 至 1683 年，英國作家，著有《釣魚大全》（*The Complete Angler*）。

如此評論：「對於那些好靜的人而言，釣魚是再合適不過的活動了」。因為小時候身體一直不是很好，所以在學校裡也無法參與劇烈的體育活動，這使得瓦特在同學們中間不是很合群。那時候的瓦特瘋狂地痴迷幾何學和天文學，腦子裡整天想著的都是這些事情，總是一個人在家附近的小樹林裡若有所思地盯著天上的星星或雲彩出神，在那一待就是很久。

在西元 1753 年，瓦特遭遇了他的人生第一次重大的變故，他的母親米爾黑德夫人突然去世了。這對年輕的瓦特是一個沉重的打擊，他和母親的關係非同一般，在他出生前，他的母親已經遭到了接連失去 5 個孩子的巨大傷痛，所以在瓦特身上，她寄託了太多太多的希望。在瓦特的眼中，母親是他人生的守護者，也是領路人，沒了母親，家也就不再擁有它原有的意義，所以不久之後他就收拾行裝動身去了格拉斯哥也就不難理解了。

這時的瓦特已經 17 歲了，這一年他的父親老詹姆斯的生意也遭受了重大的損失。生活的重擔一下子全壓在了約翰和小詹姆斯兩兄弟的肩上，然而禍不單行，瓦特的哥哥約翰在一次出海時又遭遇了海難，整個家就要靠瓦特一個人支撐了。然而無論什麼困難都不會讓他的追求有所改變，因為「小詹姆斯的每個手指頭上都刻著好運紋」，經過不懈的努力，瓦特不久之後成為一名合格的精密儀器製造者，在工作過程中，他累積了大量的數學和機

械製造方面的知識，還對這些領域產生了強烈求知的興趣。

　　格拉斯哥自然就成為了瓦特事業起步的首選之地，外祖父米爾黑德一家在那裡。但是令人感到遺憾的是，瓦特在這樣一座大的城市裡，竟然連一位手藝精湛的精密儀器製造商都沒有找到，無奈的他只好先跟著一位自詡「萬事通」的光學儀器商人學了一段時間，不過這位商人不過是做些製作釣竿、眼鏡、修理小提琴之類的小買賣，而這些手藝瓦特早就學會了，對於這個有著遠大抱負的年輕人而言，繼續在那裡耗著根本是在浪費時間。

　　安德魯‧安德森是瓦特在學校時最要好的朋友，他有一位著名物理學教授的哥哥——約翰‧安德森，首位依據理論基礎對工人按工種進行分類的學者就是他，後來人們根據他的遺囑，用他的遺產建立了一所研究機構，現在這所研究機構已經演變成為一所大學。這位教授透過弟弟與年輕的瓦特相識，後來還成為親密無間的朋友，瓦特也成了他家裡的常客。瓦特可以隨意這位教授進入他的藏書室，瓦特在那裡也學到了非常多有價值的知識。

　　對於學生而言，選擇公立學校最大的一個好處就是，在那裡能夠結識很多同齡的朋友，培養健全的人格，並收穫友誼，同時還能找到很多將來事業上的夥伴。這一點我本人是非常認同的，瓦特就是個絕佳的例子，對於青年時期的瓦特來說，真

正阻礙他發展的並非缺乏天賦，而是沒有找到一個及時的外力推動，換言之就是沒有一個事業上的階梯，讓他可以攀登到一個新的高度。從這個意義上來說，孩子們青少年時期建立的友誼，身為父母應該更加珍視，因為這種友誼是彌足珍貴的，而且還會對孩子一生的發展有極大的影響。瓦特無疑是無比幸運的，有了老同學安德魯‧安德森的引薦，有幸結識了那位性格謙和、學識淵博的教授，並從教授那裡學到了大量必要的知識，這對他日後事業的發展都產生了深遠影響。

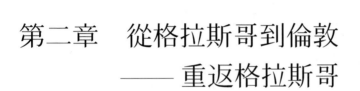

第二章　從格拉斯哥到倫敦
——重返格拉斯哥

瓦特憑藉遠房舅舅米爾黑德教授的關係，結識了大學裡一些很有學問的人，那些教授們也很喜歡這位年輕人，特別是物理學教授迪克博士對他更是讚賞有加，在迪克博士眼中，瓦特繼續待在格拉斯哥的話，就不可能繼續進步了，為了讓瓦特能夠學到真本領，他強烈建議瓦特去倫敦。這位熱心的教授還為瓦特寫了一封推薦信，瓦特後來的經歷證明這封信發揮了不小的作用。事實也證明，像瓦特這樣既有才能又有抱負的年輕人，總是能夠獲得社會認可的。對於那些性情謙和、頭腦睿智、人格魅力超群而且擁有堅定目標的人而言，缺乏機遇是他們成功道路上唯一的障礙，只要有一個能夠展現自己的舞臺，所有的問題都將迎刃而解。倫敦對於瓦特而言，無疑是最好的選擇。正巧那時瓦特家有一位遠房親戚是船長，也打算去倫敦，所以就在西元 1755 年的 6 月 7 日，他們騎馬離開格拉斯哥，結伴而行，整整花了 12 天時間，終於到達倫敦。

　　我自己曾聽父母說道，當年丹夫林鎮的亞麻商人去倫敦前，唯一需要做的準備工作就是去教堂祈禱平安，而一位議員從蘇格蘭的最北部去西敏，竟然花了 3 個多星期的時間，由此可見那時的社會狀況是多麼的不太平。不過現在的情況已經大不一樣了，正如羅斯伯里伯爵所說的，美國已經成為英語國家的核心，並且英聯邦國家之間的交通狀況已經很安全了，從英國議會的所在地西敏到華盛頓用不了一個星期，如果海況良好

的話，從英屬哥倫比亞到達加利福尼亞用不了 5 天，總而言之，海路和陸路交通都快捷多了。那些曾經樂觀地預言大西洋兩岸的民族將會聯合的人們至少應該能夠預料到，因為蘇格蘭與英格蘭合併，格拉斯哥與倫敦之間就再也沒有交通障礙了，進一步講，即使是那些新興國家之間，只要是在英聯邦範圍內，交通也已經便捷很多了。比如當年那位議員從蘇格蘭的北部到倫敦用了 3 個星期多的時間，而現在即便是從英國去英屬哥倫比亞和加利福尼亞，也只需要 1 星期左右。而且電報的出現也將各個地區間的連繫進一步地拉近了，即使相距千里之遙，也可以迅速取得聯繫。西元 1755 年，瓦特從格拉斯哥到倫敦花了 12 天，而現在只要 8 小時就夠了，這個巨大的進步，相當大的程度都要歸功於瓦特，正是他改良的蒸汽機提供的原動力，大大地增強了各地之間的連繫。事實上，在瓦特那個年代，相信能夠製造出實用的蒸汽機的人鳳毛麟角，但是瓦特卻以驚人的創造力、出眾的才華還有堅持不懈的鑽研精神完成了這一壯舉，也為後人留下了寶貴的物質和精神財富。我們從他的經歷能夠獲得這樣的啟示：我們應該學會包容，學會讚美，不要吝惜你的讚美之詞，去給那些喜歡幻想的人一些鼓勵吧，或許在未來的某一天，他們那些看起來荒誕的想法就會成為現實。同樣，那些幻想「全球聯邦制」的人我們也應該表示寬容，甚至即便是蘇格蘭詩人勞勃・伯恩斯 [08] 在《人總是人，不管那一切》中提出

[08]　勞勃・伯恩斯（Robert Burns），西元 1759 至 1796 年，蘇格蘭農民詩人。

的觀點「那一天就要來到，不管那一切，那時普天之下，人人都是兄弟，不管那一切」，我們也應該以平和的心態去看待。

柏拉圖認為，夢想是人類精神皇冠上那顆最璀璨的明珠，「人類應該為自身的這種魅力著迷」，從這個意義來說，一項偉大的夢想，比一堆乏善可陳的現實意義更大，即使那不過是個夢想。所以，讓我們努力創造一個思想上的聖域，讓那些喜歡幻想的人們可以在期間無拘無束地自由思考吧，如果對未來的美好憧憬都沒有了，那麼這個世界將變得平淡無奇，裹足不前。事實上，在瓦特改良蒸汽機之前，人們在對於蒸汽動力的應用上，也只是停留在幻想的狀態。

經過 12 天的馬背之旅，瓦特到達倫敦，一座他很陌生的大都市。有一點是幸運的，那就是貧困和社會地位並沒有對這個渴望拜師學藝的年輕人得到一個公平的機會造成影響，他成為一名學徒工，雖然工作非常辛苦，不過功底扎實的瓦特又很刻苦努力，手藝進步迅速。這時這個年輕人十分清楚，自己的事業到了關鍵的時期，逆水行舟，不進則退，必須拿出最大的勇氣在人生的海洋裡奮勇前進。

對於不到 20 歲的瓦特而言，初到繁華的倫敦，面臨的是怎樣艱難的境遇可想而知，除了那位當船長的同伴，瓦特的身邊再沒有親人和朋友，甚至連個認識的人都沒有，周圍的所有東西都變得如此冷漠。好在之前的經歷讓這個年輕人擁有良好的

潛力還有不屈不撓的性格，這些彌足珍貴的特質讓他也具備了改變命運的勇氣和力量。

　　男孩子們在小時候，應該接受父母的照顧以及指導，這一點是無可非議的，不過隨著年齡的增長，他們一定要學會獨立，學會為自己的行為負責，學會發現自己的價值所在。拜早期的特殊生活經歷所賜，母親的思想深深地影響了年輕的瓦特，母親口中那些民族英雄的傳奇故事也始終影響著他，他始終深為華勒斯和布魯斯的精神感動，當蘇格蘭獨立抗爭陷入低谷的時候，華勒斯沒有自私地逃避困難，而是選擇了為整個民族自由而繼續英勇地戰鬥。華勒斯是否曾放棄戰鬥？不，他從來都沒有！他甚至連產生放棄的念頭都沒有過。因為他十分了解自己的處境，要麼勝利，要麼滅亡。還有那個廣為傳頌的布魯斯和蜘蛛的故事，布魯斯曾經猶豫，曾經退縮過嗎？沒有，他也是從來都沒有過！因此，我們一定要讓孩子們從小時候就樹立這樣的信念，「在人生的危急關頭，即便希望渺茫，前方一片黑暗，也萬萬不能躊躇不前，否則，就只能落得在等待中滅亡的結果」。雖然伯恩斯和司各特並沒有能夠將整個蘇格蘭的民族性喚起，然而這些信念卻在瓦特的心中深深地扎下了根，母親米爾黑德夫人的影響是一個重要原因，她的高尚、博學的人格讓瓦特受益匪淺，早期的良好教育為他日後的事業打下了優秀的基礎。

我們總會面臨這樣的問題，「對於一個出身於一個理想化教育的家庭的年輕人而言，怎樣才能抵禦住事業發展道路上那些形形色色的誘惑？」人們給出的答案自然會是五花八門的。但是我認為，對於瓦特這個自尊心極強的年輕人來說，這一切非常簡單，他沒有別的選擇，因為在他的意志當中，自己的成敗與否決定了瓦特家族的榮譽，他必須要努力，一旦失敗，他遠在格里諾克小鎮的父親和妹妹，甚至是身處天堂的母親和哥哥都會顏面無光。這個蘇格蘭年輕人身上有著一種東方人的強烈家族責任感還有使命感，在他們的觀念當中，家族裡一個成員的墮落就是整個家族的恥辱。對於瓦特而言，雖然母親已經不在了，只剩下慈祥的父親遠在格里諾克，不過彼此的關懷和溫暖的親情卻透過頻繁的書信往來傳遞，瓦特也倍感家庭責任的重大。在這種強烈的責任感的驅使下，這個年輕人無時無刻都在提醒自己「千萬不能出任何差錯」，千萬不能辱沒家族的名聲。

　　瓦特初到倫敦時不得不面對這裡嚴苛的行業制度，按照當時的雇傭規定，必須要當 7 年的學徒工才能成為正式工人，瓦特之前並沒有正式學過徒，可憐的他只能處處碰壁。不過瓦特本來是準備在倫敦找一份穩定的工作，好好地學上一年手藝，然後就回到格拉斯哥大展拳腳。他根本不可能花 7 年的時間去學他 1 年就能學會的手藝，他浪費不起。是繼續堅持在倫敦尋找機會，還是就這樣放棄了，灰頭土臉地回格拉斯哥？面臨這

種兩難的境遇，這個有頭腦的年輕人沒有選擇退縮，他清楚自己一定要自立，因為始終有一個無比堅定的理想在支撐著他，讓他人生的航船即便遭遇惡劣的天氣，也不會偏離航向。皇天不負有心人，在遭受了一次又一次的失望之後，終於，他堅持不懈的精神取得了回報，他遇到了科恩西爾區芬奇巷的約翰‧摩根先生，這位儀器製造商是瓦特學藝道路上的貴人，他對瓦特以前的一些作品非常感興趣，最終同意留下他當 1 年學徒工，不過有個條件，就是要交 20 英鎊的學費，瓦特很痛快地就答應了，還有什麼能比學藝的機會更重要呢？何況還是跟著一位名氣很大的師傅。他在給父親寫的一封信裡這樣描述他的師傅摩根：「他是倫敦一位以德才兼備著稱的手藝人。」當然最後能夠有這樣滿意的結果，光有瓦特一個人的努力是不行的，後來瓦特在提及這段艱難的拜師經歷時，對肖特先生的感激之情溢於言表，「如果肖特先生沒有熱情地幫助我，在倫敦找到一位令人羨慕的師傅是根本不可能的，現在我才知道，當時在倫敦適合當我師傅的人最多也就五六位」。

　　迪克博士之前曾為了瓦特向肖特先生寫了封推薦信，不過迫於當時的雇傭規定，這位先生當時雖然沒能像迪克教授和摩根先生那樣給予瓦特幫助，但卻也熱情地鼓勵和肯定了他，而且後來他還成為瓦特事業上的良師益友。在他的積極協助下，瓦特在倫敦的學徒生活順利地開始了。

雖然做上了學徒工的工作，但是瓦特的生活還是很拮据，還得他的父親多少給予一些接濟，不過和以前相比已經少了很多的開銷了，加上他生活節儉，因此每週只需要兩美元的生活費就夠了。這時的瓦特已經深切感受到了生活是如此的艱辛，明白父親給予的生活費來之不易，每週花兩美元已經是非常地節省了，但是他在給父親寫的信裡，還是再三自責為什麼沒能夠再節省一些錢出來。瓦特在辛苦學徒之餘還在找些零工來做，以此賺些錢貼補生活費用。在這段時期，瓦特用黃銅製造出了一件專業的儀器 —— 兩腳規，這件儀器也是他學藝後首次獨立完成的精品。從中我們能夠發現，最初的勞動分工現象已經在那時的倫敦出現了，只是還沒有普及。此時在很多行業中，那些博而不精的傳統產業工人，正在被精通某一工序或技術的專業技術工人逐步取代。但是瓦特可不是只想學一門技術，要想成為一名出色的手藝人，他就得掌握更多手藝。他很快就用黃銅陸續製造出了天平、平行直尺、四分儀等等儀器，不久之後，他那雙巧手下又誕生了一件精緻的哈德利反射象限儀。在經驗累積得漸漸豐富之後，他又開始研究製造經緯儀、方位羅盤等精密儀器。學徒生涯即將結束時，他在寫給父親的信中這樣驕傲地說他已經「用黃銅製造的一件法式接頭的兩腳規，這件製品被全行業視為經典之作」，他充滿自信地保證，他已經完全能夠自己養活自己了，不再用父親操心了。我們可以想像得到，在製造出平生第一件精品時，這個年輕人的內心是

怎樣的激動，這種成就感，即便日後再有更出色的作品，也是不會再有的了，這就如同是一個初入職場的年輕人領到第一週薪水時的感受，這份薪水證明他已經長大成人了，這個意義比以後賺到再多錢的價值還要大。

提及工人的問題，我本人覺得現在不少工廠的管理者都會出現一個嚴重的錯誤，那就是將工人簡單地視為一個單一的群體，群體內部毫無差別，而實際上並非如此，工人們的情況與貴族等級有些類似，他們的技能和素養也是參差不齊，有些擁有嫻熟的技術，而有些則要遜色得多。身為管理者，此時明智的做法是給予那些優秀工人及時的提拔鼓勵，賦予他們更艱巨的工作，同時也給予他們更多精神和物質上的榮譽。這樣的做法讓每個工人都可以獲得與其能力相稱的報酬，工人之間就會形成良好的氛圍，團體的工作效能從而大大提升。相反，如果管理者進行了錯誤的決策，工人中間就會蔓延著冷漠與不滿的情緒，必然會導致嚴重的後果。管理措施得當，工人就會對自己的工作感到無比自豪，並會全身心地投入工作，就像國會議員們都將自己生活的重心放在白宮一樣，因為在這些公務人員看來，他們的職業是十分令人羨慕，對於他們來說，事業的重要性往往要遠遠地超過家庭和朋友。

《匹茲堡街頭逸事》午間版曾刊登深入探討職業自豪感的文章。剛剛過世的麥卡錫先生對職業自豪感也相當推崇，有人曾

這樣評價他，「麥克是個本職工作十分優秀，而別的方面一無是處的人」。

　　無論什麼身分的人，都會表現出職業自豪感。深夜，一位來自鄉下的朋友突然造訪，當他走後，女僕往往會在她的女主人面前抱怨，「這個人已經讓我受夠了，我再也不想見到他了，一想起今天早上幫他擦那雙滿是泥土的靴子，我就感到不舒服」。雖然牢騷滿腹，但她依然會保持愉快的心情起床工作，因為每項工作都是有價值的，即便是擦鞋子這樣簡單的工作。

　　瓦特的悟性非常高，而且勤奮好學，手藝進步神速，很快就不必擔心生計了。然而他的健康狀況還是令人擔憂，倫敦寒冷而潮溼的冬季讓瓦特患上了嚴重的感冒，一直為咳嗽和風溼痛所折磨，他取得了父親的同意後，打算先回老家休養一些日子。在那段時間，瓦特製造了很多有創意並價值很高的工具，還專門讀了幾部專業教科書，特別是尼古拉斯・拜昂的著作《數學儀器的製造與使用》，讓他深受裨益。這位風華正茂的年輕人決心要成為一位最優秀的手藝人，開創一番屬於他自己的事業。

　　西元 1756 年秋天，瓦特學徒期滿，20 歲的他懷著對未來的無限憧憬回到老家格里諾克。那裡有熟悉而清新的空氣，加上父親周到的照顧，這使他那長期緊張的神經和疲憊不堪的身體都得以徹底的放鬆，此後不久，收拾好心情的他便根據先前的計畫，自信滿滿地起程前往格拉斯哥，那個城市將是這個年輕

人計畫裡創業的地方。瓦特剛到格拉斯哥時計劃得很好，這裡沒有倫敦繁華，也沒多少掌握精密儀器製造的手藝人，因此申請開一間自己的店鋪應該是件很容易的事，然而瓦特有些想當然了，這裡嚴格的行會制度很快就給他潑了一頭冷水，與倫敦一樣，格拉斯哥市行會也規定有 7 年學徒工經歷的人才允許從事精密儀器製造這樣的高端行業。這使得這個雄心勃勃的年輕人感到非常沮喪，本來在倫敦的成功學徒經歷使他相信自己完全有能力成就一番事業，他本準備來格拉斯哥大展身手，但現在的身分似乎成了橫在瓦特面前一道難以逾越的屏障，他既沒有達到學徒年限，也不是高貴的議員的兒子。事實上，在那個時代，太多有才能的年輕人的前程被這狹隘的行業規定以及門第觀念所毀掉，不過時代在進步，現在已是 1905 年，與 150 多年前相比社會狀況已經大為改善，當然也有很多地方仍不盡人意，我們要走的路還很長，例如現在國家之間的保護性關稅其實就跟當年苛刻得有些荒謬的行規如出一轍。

瓦特想開一間屬於自己的店鋪，但他卻沒能如願，只得向行會申請租用一個小工作間，想在那裡做些實驗來試試身手，但令他沒想到的是，連這樣一個小小的要求竟然都被無情地拒絕了。可以想像，在這種處境下瓦特是多麼的茫然和無助。

在這個窘迫的時刻，是那位物理學教授迪克博士給予了他熱情的幫助，這對於瓦特來說簡直就是雪中送炭。實際上，從

幾年前迪克博士在格拉斯哥初次見到瓦特時，就對這個年輕人的人品和才能非常欣賞，恰巧那段時間，有一位蘇格蘭富商曾住在西印度群島，他在遺囑中留言：要捐贈給母校格拉斯哥大學一批天文儀器，負責這項捐贈的正是迪克博士，他讓瓦特負責清洗修理這批天文儀器的工作，由於校方對瓦特的工作非常滿意，就給了他 5 英鎊作為勞務報酬，這也是瓦特在格拉斯哥的首筆收入。但對瓦特而言，收穫不僅是這筆酬金，更重要的是在修理這批精密儀器的過程中，他展現出來的高超技藝，讓格拉斯哥大學的教授們印象深刻，從而這也把他和格拉斯哥大學緊密地連繫在了一起。這所大學是由羅馬教皇尼古拉斯五世於西元 1451 年創立的，大學是研究學術的地方，沒有那麼濃厚的市儈氣息，再加上那裡的教授們對瓦特的才華也非常欣賞，在教授們的幫助下，他在這所大學謀到了個很好的職位。這座「象牙塔」中曾走出過不少優秀的人物，比如經濟學之父亞當斯密 [09]，他也是瓦特當年的好朋友其中之一；潛熱的發現者布萊克；當然還有前面提到的迪克教授。但是我們講的主角還是瓦特，從這個意義上講，必須要感激偉大的格拉斯哥大學，感激那些高瞻遠矚的學者們，在瓦特無助的時候，是他們給予了他熱情無私的庇護，也為他提供了一個很不錯的事業起點，使他有了延續自己夢想的機會和條件。

---

[09]　亞當斯密（Adam Smith），西元 1723 至 1790 年，英國經濟學家，古典政治經濟學的主要創立者。

格拉斯哥大學是一所文理並重的綜合性大學，在這裡自然科學學科與人文社會科學學科都可以獲得自由的發展空間。著名的開爾文勳爵[10]，也就是在這所大學任物理學教授的威廉‧湯姆森，最近被提升為格拉斯哥大學的校長，他的事業也達到了巔峰。

　　每所一流大學都有自己引以為傲的研究領域，比如在自然科學領域，格拉斯哥大學就取得了聞名世界的傑出成就。講到這方面的成就，自然首先要提本書的主角，在瓦特困難之時，正是格拉斯哥大學對他給予了寶貴的支持。同時，在教學領域這所學校還保持著多項第一的紀錄，它是第一所設立了工學院以及工程學教席的大學，第一所建立用於教學的化學實驗室的大學，也是第一所為學生專門建立了物理學實驗室的大學。在這裡有著自由的學風和濃厚的學術氛圍，這所大學受此薰陶而英才輩出，蒸汽機之父瓦特、潛熱的發現者布萊克、熱力學奠基者開爾文勳爵等都是從這走出去的。而且在不久的將來，格拉斯哥大學也必將續寫它的輝煌，那裡的學術氛圍令人神往，尤為重要的是在那可以將學術研究與工程實踐有效地結合起來，現在，蘇格蘭及美國的很多大學裡其實也有很多極為優秀的學生，而遺憾的是他們所學的知識都是與生產嚴重脫節的，學生們根本無法運用這些知識賺到哪怕一分錢，以至於他們的

---

[10]　開爾文勳爵，名威廉‧湯姆森（William Thomson, 1st Baron Kelvin），西元 1824 至 1907 年，英國物理學家，熱力學溫標創立者。

生活要靠利用假期打零工來維持。

　　好在值得慶幸的是，現在也有越來越多的美國大學已經覺察到了這一點，並開始仿效格拉斯哥大學的教學理念，給予教學的實踐環節更多的投入，從而保證學生可以掌握有實用價值的知識。

　　格拉斯哥大學給瓦特分了一間工作室，差不多 20 英尺見方，之後的多年間，這間工作室裡都留下了瓦特和這間工作室後來的主人們追求科學和真理的足跡。著名作家斯邁爾斯 [11] 先生曾經談到：有一次他去那個工作室，一進門就看到了湯姆森教授忙碌的身影，他穿梭在各種精密通電儀器間，全神貫注地做著實驗，後來他的研究成果被成功應用在了大西洋海底電纜的鋪設上。

　　瓦特在他那間工作室裡過得非常開心，不過生活還是很拮据。後來，他大學裡的那些朋友不住地勸說他，他才終於決定，走出校門，走向市場，到社會中去尋求發展，憑藉自己的手藝吃飯。朋友們幫他找了間小店鋪，他將一些自己製造的儀器和別的小商品放在那裡賣。雖然瓦特對外面的世界還是很陌生，不過我們完全有理由相信，這個頭腦精明的年輕人站穩腳跟是很快就會發生的事。但是瓦特生意一開始並不順利，不少貨物都賣不出去，在一名夥計的協助下，他每週可以生產 3 個

---

[11]　塞謬爾・斯邁爾斯 (Samuel Smiles)，西元 1812 至 1904 年，英國社會改革家、作家。

四分儀，每個的利潤是 40 先令，然而後來遠洋貨船改變了航線，不再從格拉斯哥這裡經過了，這些產品就滯銷了。無奈之下，瓦特只能把積壓的貨物寄回老家格里諾克，讓父親替自己銷售。而他自己，就跟一些偉大的藝術家落魄的時候一樣，為了糊口，開始做起了零碎的小生意。和他剛到格拉斯哥時遇到的那位自稱「萬事通」的師傅一樣，瓦特也經營起製作和修理眼鏡、小提琴、管笛、管風琴、吉他、漁具之類的生意，當然這並不是瓦特的本意，只是迫於生計而被迫如此。

跟迪克先生一樣，瓦特的朋友布萊克教授同樣對他的才華十分欣賞，在那段時間，還曾請瓦特製作過一架風琴，雖然在樂器修理製作方面瓦特還是個門外漢，不過一段時間的鑽研過後，再加上他在儀器製造方面技術精湛，很快也成了這一領域的行家。隨著手藝的日益精湛，他的小店鋪也越來越有名，周圍的人對這個多才多藝的手藝人非常尊敬。特別值得說一下的是，起初他對管風琴毫無了解，但很快就能夠得心應手地製作了（1762 年）。他還研製出了一種改進型的音栓，還為管風琴裝上了一種能讓演奏者更好地控制風壓和外音質的設備。總之，這個傑出的年輕人就是有這樣的本事，只要他想，他就能夠在隨便哪個方面做出讓你無比激動的事情。

現在我們得暫時調整一下思緒，來討論一下瓦特如此輕鬆取得生意成功的原因，看起來好像都是因為他的天賦和奇妙

的靈感。瓦特的事情好像讓我們產生一種懷疑：成功，難道真的需要進行長期而耐心的準備嗎？但是，如果進行了深入的研究，我們就會有新的發現，以製作管風琴這件事為例，在樂器修理製造這方面一竅不通的瓦特能夠迅速進入狀態，全神貫注地鑽研樂器的製作規律，他豐富的自然科學知識，還有精湛的資料儀器製造工藝技術可以說在其中發揮了很大的作用，這可以確實地彌補他在音樂知識上的欠缺。劍橋大學的史密斯教授所撰寫的一本權威性理論著作曾以此為例，表明了他的觀點，「可以負責任地說，整個英國，沒有誰能比瓦特對音樂的自然科學原理及樂器的製作規律更加精通」，而這才是瓦特取得成功的真正訣竅所在。憑藉豐富的知識基礎，瓦特可以相對輕鬆地進入到新的領域，我們很快就會看到，這一點在改良蒸汽機的過程中同樣發揮了關鍵的作用。

　　青年時代豐富的人生經歷和受到的良好教育使得瓦特成為了一位真正博學的人，無論是經歷成功還是失敗，痛苦還是收穫，對於瓦特而言，這些都是一筆非常寶貴的財富。瓦特所擁有的豐富的生活閱歷，也使他成為了一位真正的天才，他成功的原因不僅是他博學睿智，最重要的是他懂得要把所學的知識從最開始就都貢獻給自己理想中的事業。

　　雖然生活不再像以前那般窘迫，生意也越來越好，但是瓦特卻無法快樂起來，他時常內心感到空虛，因為他對格拉斯哥

大學校園裡的那個小工作問放不下，在那裡有他喜愛的實驗研究，有他的事業，有他的理想。大學裡那些老朋友們時常在那個地方聚會，這些人都是世界聞名的學者，其中就有《國富論》的作者亞當斯密和潛熱的發現者約瑟夫·布萊克。正是這群朋友，把處在人生十字路口上的瓦特從安樂窩裡拉回了實驗室，瓦特內心感激他們對自己的熱情勸導和鼓勵，「雖然我只是個手藝人，也從未上過大學，而他們都是知名的教授，但是從相識起，他們就沒有忘記過我，他們都稱得上是我真正的良師益友」。

從那時起，瓦特的生活又重新忙碌了起來，只是他把精力全部花在了實驗研究上，而不是忙於那些養家糊口的小生意。瓦特再次回到神往已久的生活，他開始瘋狂地痴迷於數學、化學和機械學，甚至達到了廢寢忘食的狀態。

在這個時期，約翰·羅比森（後來成為愛丁堡大學博物學教授）與瓦特成了最親密的朋友。後來羅比森對他們從相識到成為密友的過程有這樣的描述：「我與瓦特初次見面是在 1758 年，在看過他那間店鋪裡的那些精美絕倫的儀器之後，我就饒有興致地與他聊了起來，實際上，我最初以為是發現了一位傑出的手藝人，而之後我才意識到，他還是位物理學家。在數學和機械學專業知識方面我還是比較有自信的，但是後來才發現，這些方面的知識瓦特先生比我更豐富，他的博學使他能跟很多人

都輕鬆交談。而且他有著一副天生的好脾氣，待人總是那麼的彬彬有禮，這使得好奇心十足的我也能很輕鬆地與他相處，很快我們就成了無話不談的密友。雖然我們才相識不久，但我卻時常在他那裡一待就是很久，而且還時常拿他開玩笑。」

第三章　初試蒸汽

　　現在，可以說是瓦特一生的關鍵性時刻終於到來了。他開始對蒸汽動力研究有了極大的興趣，對此也很感興趣的還有好友羅比森教授，那時的羅比森只有 20 歲，瓦特 23 歲。

　　羅比森覺得可以用蒸汽來驅動馬車。當時的瓦特對蒸汽動力還不太了解，不過他們還是充滿希望地製造出了一種裝有蒸汽機的車輛模型，這個模型帶有兩個馬鐵片汽缸，但很遺憾，實驗的效果不是很令人滿意的，而且也沒能帶給他們任何有價值的啟示。此後不久，羅比森就從格拉斯哥離開了，只剩下瓦特一個人進行著艱難的探索。瓦特至今從未見過真正的蒸汽機，甚至連蒸汽機模型他都沒有摸過，這是他面臨的最大難題。但他還算運氣不錯，當時正好在格拉斯哥大學裡有一臺最新型的紐科門 [12] 蒸汽機，但美中不足的是這臺蒸汽機只是學校買來的物理學教學模型。不過當時在這上面校方肯花錢已經是很難得了，實際上，格拉斯哥大學也是學校中最早意識到自然科學重要性的那一批，至今它在這個領域依舊延續著自己的輝煌歷史。

　　在瓦特開始正式研究之前，還需要先花一筆錢把模型送去倫敦進行修理。不過瓦特此時已經等不及模型修完運回來，從西元 1761 年起他就開始學習理論知識，一切可以搜集到的有關蒸汽機的資料，他都如飢似渴地閱讀，但那時大部分有價值

---

[12]　湯瑪斯‧紐科門 (Thomas Newcomen)，西元 1663 至 1729 年，英國工程師，蒸汽機發明人之一。

的資料都是義大利語和法語的，而且還沒有譯成英語的版本的，不過對瓦特來說這問題並不算大，他很快就掌握了這兩種語言，同時迅速學習和累積了豐富的關於蒸汽機的知識。直到1763 年模型才運回來，此時萬事俱備，這個年輕人終於可以大幹一場了。瓦特把裝有活塞的一個小注水器連接到帕潘[13] 蒸煮器（現在的高壓鍋）上，並在它們之間裝了一個閥門，利用這套裝置設計了很多研究蒸汽動力的實驗，當時的一些實驗至今仍廣為流傳。瓦特總結和提煉當時所做實驗的收穫和體會，寫出了《蒸汽和蒸汽機》，這篇文章後來被收錄在了《大不列顛百科全書》第 9 版內。

在改良蒸汽機過程中，瓦特經歷過無數次失望與希望，無數次的失敗與成功，不過他都憑藉睿智的頭腦還有對事業的執著追求，將一個又一個障礙克服，這其中的困難就不再詳細說明了，對這項事業給予關注的人也都十分了解。瓦特取得的重大研究進展顯然是廣大讀者更感興趣的，同時也是我們要著重呈現的。那臺紐科門蒸汽機雖然到了瓦特手裡，不過並沒有真正地發揮什麼作用。令瓦特十分沮喪的是，那個帕潘蒸煮器的容積已經夠大了，然而產生的高壓蒸汽效率還是很低，低到根本不能確保活塞持續進行往復工作，汽缸內的蒸汽很快就放盡了，發動機也就不運轉了。在斯邁爾斯先生看來，幾乎所有的

---

[13] 德尼・帕潘（Denis Papin），西元 1647 至 1712 年，法國物理學家、數學家、發明家。

研究人員遇到這種情況，都會選擇放棄，但是瓦特卻是這其中的例外，一次次的失敗不僅沒有使他灰心喪氣，反倒更加激起了他的興趣。還是密友羅比森教授對瓦特更了解一些，「在瓦特眼中，每一個難題都意味著一項新的富有誘惑力和挑戰性的工作，他這個人我很了解，除非確信某項工作沒有任何價值，或者他已經從中得到了他想要的東西，否則他永遠都不會半途而廢的」。但問題就是問題，在這樣一個全新的領域當中，光有熱情是遠遠不夠的，還得擁用智慧的頭腦和敏銳的洞察力，而瓦特正是擁有了這些條件的人。反覆的試驗觀察之後，他終於發現一個驚人的現象，那就是潛熱的存在，這個概念最開始由布萊克教授所提出。瓦特發現，單位質量的水受熱後生成的蒸汽在冷凝的時候，可以將 5 倍於自身質量的水加熱到沸點。他無法解釋這種現象，接下來的事，我們還是引用他自己的話來描述吧：

「我對這種現象（潛熱的作用）感到迷惑不解，我就跟好友布萊克博士說了，他於是跟我解釋了他的潛熱理論，他在此之前（1764 年）已經研究過一段時間了；不過那段時間我忙著做生意，即使以前就聽說過這項理論，而且偶然發現了一個現象是可以用它來完美解釋的，那時我也不會對它提起重視的。」

實際上這兩位好友間發生的事情確實非常有趣，在同一所大學共事，又同時對同一課題進行研究，但其中一位對另一位

的工作卻幾乎一無所知。幸好後來遇到麻煩瓦特無意中跟好友說起了他的工作，而布萊克幾年前就已經將他的潛熱理論公諸於世了，只是瓦特沒有注意到罷了。我們透過這段有趣的小插曲中也能看到，當時的瓦特還是擁有得天獨厚的條件的，對蒸汽機的研究屬於物理學和機械學的範疇，他不僅自己就是一位擁有精湛技藝的工匠，而且身在大學當中，能夠很容易就得到最進步的理論資料，特別令人羨慕的是理論的發現者就在他的身旁，能夠隨時給予他指導。

說到這裡，我想有必要簡單地解釋一下潛熱是什麼。阿拉戈 [14] 指出，潛熱理論在現代物理學史上占有至關重要的位置。眾所周知，不同的溫度條件下，水的物理狀態有 3 種：液態、固態和氣態，也就是水、冰和水蒸氣。瓦特透過實驗對水和蒸汽的轉化過程進行研究，他用兩磅 100°C 的蒸汽接觸 10 磅 0°C 的水，結果發現蒸汽全都液化了，那 10 磅的水在這個過程中被加熱到了 100°C，這就說明，兩磅的蒸汽冷凝過程中所釋放出的熱量，可以把 10 磅處於冰點的水加熱到沸點，實際上在蒸汽接觸到低溫介質表面時，這個從氣態轉化為液態的過程中所釋放出的熱量，也就是布萊克所說的潛熱。雖然這部分熱量還無法進行精確的測量，但是現實已經不容置疑地證明，它的確是存在的。當時發動機的工作原理是這樣的：燃燒木材或者煤炭將

---

[14]　弗朗素瓦‧阿拉戈 (François Jean Dominique Arago)，西元 1786 至 1853 年，法國物理學家、天文學家。

水加熱到沸點後繼續加熱，讓產生的蒸汽持續進入汽缸，再由汽缸內的高壓蒸汽推動活塞做功，進而驅動別的工具運轉。然而這個過程中有一個嚴重的問題，那就是在對汽缸的反覆加熱冷卻的這個過程中，蒸汽以潛熱的形式損失了大量的熱量。

我們現在已經搞清楚了潛熱的含義，並且了解到紐科門發動機熱效率低下的根源就是因為潛熱的存在。清楚了這一點，瓦特就開始滿懷熱情地研究這個難題如何解決，在那期間，無論面臨怎樣的壓力，勞德先生都始終給予他堅定的支援，他也畢業於格拉斯哥大學，還曾向開爾文勳爵學習，這部分情節我們能夠在《發現蒸汽的性質》中找到。

在這裡，我們有必要將發明與發現這兩個概念進行一下區分。無庸置疑，瓦特在研製蒸汽機過程中做出了享譽世界的發明，不過如果對蒸汽機的發展史進行深入的研究，我們就會有新的發現。那就是實際上，瓦特的探索工作也是沿著前人的腳步進行的，早在他開始對蒸汽動力有了濃厚的興趣，並開始研究蒸汽機之前，紐科門等人就已經研製出了最早的蒸汽機，而瓦特提出了分離式冷凝器原理並將其成功應用於實踐，是他在這項工作中做出的歷史性貢獻。當然，瓦特身上那種對自然永遠保持一顆好奇的心，並且勤學好問的精神也是特別值得稱道的。

在研究蒸汽的過程中，瓦特的第一項發現就是潛熱，只是當他與布萊克教授說起時，才發現好友早在幾年前就已經進行

研究了，並且第一已經在教學中應用了。瓦特接下來的一項重要的發現是蒸汽的總熱。布萊克以其潛熱理論聞名世界；而瓦特的工作也是成果卓著的，蒸汽總熱的發現與潛熱理論具有同樣重大的意義。

不過瓦特的這部分研究知道的人不多，這裡我先為讀者簡單地介紹一下。將冷水灌滿一個燒瓶，並將其置於酒精燈上，將一支溫度計放在水中，加熱的過程中，水溫會平穩上升一直達到沸點（100℃），然後水溫保持不變，水開始沸騰，並產生了蒸汽。現在從水中取出溫度計放到蒸汽中，溫度還會維持100℃不變。這時，需要長時間的持續加熱，才能讓全部的水都變成蒸汽，這個過程與蒸汽冷凝過程類似，顯然，蒸汽液化為同溫度的水的這個過程中，是需要釋放出一定的熱量的，溫度計無法顯示這個過程，這些熱量就是潛熱。

現在，如果讓產生蒸汽不再任意溢出，都將其通入盛有冷水的容器中，你會發現它的加熱作用6倍於加入等量等溫的水的。為了進一步進行驗證我們繼續做實驗，首先第一個實驗我們將1磅100℃的蒸汽通入到100磅60℃的水裡，這時水的總質量是101磅，結果水溫升高12℃而達到了72℃。第二個實驗裡用的還是100磅60℃的水，不過這次通入的是1磅100℃的水，結果溫度只升高了2℃。因此透過這個對比我們發現，在質量和溫度相同的條件下，蒸汽的加熱作用是水的6倍，這就證

明，蒸汽當中有隱含的熱量，這部分熱量即蒸汽的潛熱。

我們進一步進行實驗，不再直接把蒸汽通入水中，而是用一個密閉容器內將其收集在一起，讓這裡的壓力不斷升高，在氣壓達到一定的程度時再將蒸汽通入水中，結果表明水溫的變化情況和之前完全相同，這就說明蒸汽的總熱和氣壓沒有關係。瓦特正是因為這個發現，才意識到高壓蒸汽是可以用於蒸汽機研製的。毫無疑問，這是一項具有劃時代意義的創舉，隨著煤炭資源的日益枯竭，它甚至能夠以一種替代性能源的角色出現，就像最近麻省理工學院的學術權威亨利・普利切特教授一場演講中所說的：

「瓦特的發明提供了一種全新的、足以改變自然的力量，人類的生產和生活面貌被徹底地改變了，歷史上從未有過哪項發明像蒸汽機那樣，如此巨大而深遠地影響了世界。」

事實上，瓦特的貢獻意義並不在於發明了一種機器，而是歷史性地提出了一種方法，一種高效地儲存使用自然能量的方法。眾所周知，對於生活在地球上的人類來說，所有的能源都來自於太陽，一旦沒有了太陽，一切機器都將不再運轉，一切車輪都將不再轉動，總之，所有運動都將停止。但是人類卻在一刻不停地浪費著這種寶貴的能源。除了部分能量被大氣層吸收，太陽每時每刻都在為地球上的每一寸土地提供著能量，我們生活的方方面面也都在使用著這些能量：大學校園裡的照明、

取暖，工廠裡的生產，道路上的交通運輸等等。因此，如何高效地將能量儲存和利用起來，就成了擺在發明家和工程師們面前最具有挑戰性、也是現實意義最大的課題，同時也是一個亟待解決的難題。

發現了蒸汽的潛熱現象後，瓦特的目光又轉向了能量的其他儲存形式，他研究了怎麼才能有效地利用太陽能，並且他發現，動物生命活動的本質，就是將自己身體內的化學能轉化為動能，而且這個轉化的效率要高於現有的一切熱力學機械。

可能許多人並不知道，莎士比亞就曾覺得人類的運動就是一種最出色、最完美的能量轉換形式。他在《哈姆雷特》中曾無限感慨地這樣感嘆：「人類是一件了不起的傑作！理性多麼高貴！力量多麼偉大！儀錶多麼優美！舉動多麼文雅的！」幾百年以來，人們一直為此激動不已，幻想有哪一天，這位藝術大師描述的景象能夠在人間呈現，看來我們現在應該回味一下馬修·阿諾德[15]的那句詩：

世人苦苦思索，而你飄然世外；我們不懈追尋，而你微笑淡定。

顯而易見，即使跟最完美的機器相比，人類行為動作的效率也是勝出的。開爾文勳爵認為這是由於動物的行為動作原理，和電磁發動機而不是熱力發動機更為接近，而動物體內的

---

[15]　馬修·阿諾德（Matthew Arnold），西元 1822 至 1888 年，英國詩人、批評家。

化學能，或許是透過某種電流的形式而轉化為外在的機械能的。

那時候，很多領域的熱能損耗是十分驚人的，比如煤炭燃燒產生的熱能中，差不多有 65% 可以轉化到高壓蒸汽中，而在蒸汽推動活塞的過程中，只能產生 15% 的有用功，所以整個過程中損耗了接近 90% 的能量。我們接下來考慮機械能轉化為電能，在這個過程中，僅有 2% 至 5% 的機械能能夠轉化為最終的照明電，換言之，從燃煤到照明用電這整個的過程中，能量轉化效率平均只有 0.5% 左右，而其餘 99.5% 的能量都被浪費掉了。即便是當時最好的機器，在上面說的過程裡所能有的能量轉換效率，也不過 1% 多一點。這其中的能量損失是令人驚詫的，所以，即便是瓦特後來利用潛熱把蒸汽機的熱效率提高了五倍，還是遠遠不夠的，要想將其改良，讓其為廣泛實用的動力工具，要走的路還有很長。

貝本 [16] 對生物體運動過程中的能量轉換現象進行深入研究後認為：分子運動論是植物體生命活動的基礎。赫胥黎 [17] 也曾提出論斷，「一切運動都是力學現象」。運動與力之間連繫緊密，我們不能割裂它們，而傳統的離子理論顯然已經落伍了。

生物學家馬修斯和洛伊布教授透過電流刺激海膽卵的方式，實現了人工單性生殖，他們因此得出結論，「在某種特定的

---

[16]　路德・貝本 (Luther Burbank)，西元 1849 至 1926 年，美國博物學家。

[17]　湯瑪斯・赫胥黎 (Thomas Henry Huxley)，1925 至 1895 年，英國著名博物學家，達爾文進化論的傑出代表。

情況下，某些化學物質會聚合在一起形成生命體，所以生命起源的理論基礎是運動的普遍性」。當然，在探索生命奧祕的征途上，人類還不過是個孩子，要走的路還有很遠，我們接觸到的不過是浩瀚宇宙的冰山一角。

在研究怎麼提高蒸汽機熱效率的過程中，發現了潛熱的確是一項重大的突破，不過還是有大量的難題需要解決。瓦特發現，約 80% 的蒸汽熱量都在汽缸交替加熱冷卻的過程中損失掉了，用於推動活塞做功的能量只有 20%。瓦特現在面臨著一組彷彿無法解決的矛盾，即從提高熱效率的角度考慮應該盡量維持汽缸的溫度，但是因為汽缸的頂部與空氣連通，自然會被冷卻，而且為了形成真空的環境，也一定要冷卻汽缸。而按照以前的做法反覆加熱冷卻汽缸，造成嚴重的熱量損耗是不可避免的。他清楚，這個難題一旦攻克，一切問題就都迎刃而解。

瓦特絞盡腦汁也沒能想出來怎樣才能解決。最終靈感還是在一個非常偶然的條件下產生的。人們後來才意識到正是那一點突然間迸發出的靈感火花，將徹底改變了人類生活方式的火焰引燃。瓦特迫不及待地根據之前的構思設計製造了一個簡單的模型，以此來驗證他的新想法，反覆地試驗之後，他興奮地發現自己的設想是可行的。瓦特發現了紐科門蒸汽機熱效率太低以至於基本沒有實用價值的根本原因，而這些也是一臺設計成功的蒸汽機一定要解決掉的障礙。既然開啟成功大門的鑰匙

已經找到，瓦特便將傳統的設計思路毫不猶豫地摒棄了。而在蒸汽機研製領域，他提出的方案後來也成了一條公認的設計原則。西元 1769 年，瓦特研製出第一臺帶有分離冷凝器的蒸汽機，在設計說明中，瓦特對這一原則再三強調：「理想的蒸汽機必須具備的兩個條件，那就是：始終保持汽缸恆熱，並將蒸汽冷卻到 100°C 以下，以確保其將全部熱量釋放出來。」

瓦特後來描述了是如何產生那個「分離式冷凝器」的設計靈感的：

「那是 1765 年，一個晴朗的安息日的午後，我在外邊散步，走過那家老洗衣房，然後又從夏洛特街盡頭的那扇大門穿過，來到了那片廣闊青翠的草地。我當時正在思索著那臺發動機的事情，在從赫德劇場經過時，我的腦海裡突然出現一個想法：因為蒸汽是一種彈性體，只要有壓力差存在，而且密閉性較差的話，它就無孔不入，而如果在汽缸和排汽室之間設計一條通道，那麼蒸汽就會進入到那裡自行冷卻，而不會讓汽缸冷卻。之後我又想到，這時如果採用紐科門蒸汽機上的那種噴嘴，就可以將冷凝蒸汽和注水的問題解決。這個想法怎麼實現？我想到了兩個辦法：其一，可以設計一條排水管，向下延伸大概三十五六英尺，這樣水就可以順著這條管道排出，同時可以用一個小氣泵抽盡空氣。其二，製造一臺足以抽淨空氣和水的大功率泵……走到高爾夫球場時，整個設計思路我都已經成竹在胸了。」

瓦特當時的心情可以想像，布萊克教授後來曾說道「突然間的靈光一現讓他欣喜若狂，那時候他的狀態，就和一個仰望星空許久的孩子，突然看到一顆閃著耀眼火光的流星滑過大氣層時手舞足蹈的樣子沒什麼兩樣。」

　　眼前的一切現在豁然開朗，瓦特彷彿已經看見了，夢想中的完美蒸汽機在朝著他招手。這個年輕人開始埋下頭去，一步步地將自己的設想實現，幾年之後，他製造出了分離式冷凝器，這項偉大的發明讓蒸汽熱能的利用效率得到了極大的提升。不過面對鋪天蓋地的溢美之詞，瓦特卻總是顯得手足無措，當被問及這項歷史性的發明時，他幾乎不怎麼提起研究過程是多麼艱苦，只是謙遜地說：「那不過是運氣好而已，一個偶然的機會我發現了這個祕密，而其他人錯過了，僅此而已。如果我沒有發現，也總會有其他人發現的。」多麼令人動容的話語啊，這樣的話，也只能出自這樣懷著樸素而虔誠的科學信仰的人之口，我們愛你，傑米・瓦特（朋友們對他的暱稱）！雖然面對榮譽，你總是害羞地躲到幕後，然而歷史會證明你的價值，你為世界留下了不朽的功績，你是最偉大的發現者和發明家，你是真正的大師，更重要的是，你是真正具有非凡人格魅力的人。

　　我們可以透過比較發現，早期的紐科門蒸汽機與現代蒸汽機之間的根本區別，就是瓦特的這項發明，紐科門蒸汽機採用

一個大氣壓的蒸汽讓汽缸反覆加熱冷卻；而現代蒸汽機則採用高壓蒸汽以及分離式冷凝；這些關鍵的技術革新讓蒸汽利用效率得到了極大的提升。

　　分離式冷凝器上呈現出的一個最重要的突破，就是將蒸汽的冷凝過程與汽缸分開，讓蒸汽順著排氣管進入冷凝器冷凝，這樣可以讓汽缸的熱度得到維持。在最開始驗證分離式冷凝器的可行性時，瓦特設計了一個封閉式的汽缸，此外還配有一個圓形的活塞（現在已經演變為方形），活塞杆下端通過填料函伸出來，這樣能夠有效避免蒸汽溢出。這套簡單的模型在實驗中表現優異，這讓瓦特欣喜不已，不僅能夠保持汽缸的恆熱，還在汽缸的內部形成了真空。所以他得出了前面提到理想蒸汽機的兩條設計原則：蒸汽進入後一定要保持汽缸熱度。如此簡陋的設備就把困擾他已久的難題解決了，瓦特當時甚至覺得有些不可思議，他也在自言自語：「這就行了？也太容易了吧？怎麼一切看起來，都是那麼順理成章？」可能我們也會覺得詫異，但是現實就是這樣，沒有冷凝器和封閉式汽缸，就沒有現代的蒸汽機。

　　形成那個神奇的構思後，瓦特當即躍躍欲試，考慮到那天是安息日，第二天一大早，他就迫不及待地開始動手製造模型。雖然我們不了解他每天睡眠幾個小時，但是有一點能夠想得到，那就是那段時間每天出現在他夢裡的都應該是冷凝器。

要設計模型要做些必要的準備，他跟大學裡的一個朋友借了一支黃銅做的注射器，把針筒改造成了汽缸，然後又用一個馬口鐵皮焊成的小桶做冷凝器。實驗獲得了成功，但是這時候的瓦特卻怎麼都興奮不起來，因為他很慶幸，這個簡陋的實驗不過是驗證了一個理論，要把它變成實用蒸汽機，使其擁有改變世界的力量，還有太多太多的工作要做。在這些充滿困難、挫折和沮喪的歲月裡，當然也間雜著成功的喜悅，布萊克教授始終堅定地支持著瓦特，不斷給予他熱情的建議和鼓勵，同時還在經濟上給予他資助，這讓瓦特可以將寶貴的時間和精力投入到事業上。

對於瓦特來說，在那個時期，除了朋友的熱情幫助，還有一件特別幸福的事，那就是他與相戀多年的表妹瑪格麗特‧米勒結婚了。朋友們也都送上衷心的祝福。長期地圈在實驗室裡讓他早已身心俱疲，此時家庭的溫暖對他而言簡直太重要了。瓦特本來就很內向而敏感，長時間在封閉的環境中進行高強度的腦力活動又導致他患上了神經性頭痛，這時候一位無比溫柔的妻子是最能帶給他安全感的了。妻子性情文雅謙和，恬靜而又充滿了對生活的勇氣，在生活上無微不至地關懷著瓦特，這讓長期為緊張和不安氣氛所籠罩的瓦特重新堅定了事業的方向。毫無疑問，此刻，瓦特內心的負面情緒已經被家庭的溫馨徹底消除了。

　　瓦特終於得到了一個他夢寐以求的家。多位好友都曾說過，他們甚至覺得在那個艱苦探索的時期，如不是瓦特那位樂觀睿智的妻子一次又一次帶他爬出悲觀失望的泥潭，瓦特真的說不定會一事無成。瓦特在格里諾克的老家一位老鄰居的女兒坎貝爾小姐也說過：母親曾經和我說過瓦特先生和他的表妹米勒小姐戀愛時的一些趣事，遺憾的我已經記不清那些細節了，不過有一點我確信，那就是母親反覆強調，甜蜜的愛情對他的性格產生非常有益的影響。曾經有段時間，長期被神經性頭痛折磨的瓦特甚至偶爾出現了厭世的情緒，一度對事業無比地悲觀失望。此時，正是妻子悉心周到的關懷，還有她樂觀積極的性情讓瓦特不再感到孤獨無助，為妻子所感染的他也開始逐漸去除自己性格中的負面因素。

　　對瓦特夫人進行一番詳細的了解，我們就會發現，瓦特在愛情上的境遇和《威尼斯商人》中的巴薩尼奧特別像，就像潔西卡與羅倫佐的對白中所說的：

　　巴薩尼奧自然不可能走上邪路了，因為他娶了一位這樣賢慧的太太，他簡直是在人世間就獲得了天堂的快樂；如果他不好好珍惜，那就永遠都不會進天堂了。

　　婚後的瓦特已經很明白自己在家庭和事業上的責任，他也透過語言和行動讓妻子感受到了這一點。

　　實際上，瓦特選擇結婚的時機是經過慎重考慮的，那時他

的儀器製造生意和剛搬出大學時相比，已經大有起色了，客人們都非常欣賞他的手藝。隨著生意的規模越來越大，瓦特已經僱用了 16 名工人，他完全可以過上相當舒適的生活，而且他還和建築師約翰‧克雷格先生合作，得到了雄厚的資金支持。資金結合技術很快就獲得了豐厚的回報，那時瓦特一年能夠賺到 3,000 美元。西元 1760 年，隨著生意的發展，瓦特從格拉斯哥大學的那間宿舍搬了出去，在外面找了一所房。喬遷新居的原因之一就是他要準備結婚了。萬事俱備之後，西元 1764 年 7 月 16 日，瓦特和表妹結婚了，這所房子就是新房。我們透過這件事情上可以看出，瓦特是個穩重的人。婚後，妻子堅定地支持他，鼓勵他不要放棄蒸汽機研製工作，這對當時正在生意與科研事業之間猶豫的瓦特而言簡直太及時了。

　　所有發明創造的第一步都需要先製造出樣機，以此來驗證理論，瓦特租了間舊地下室，在這裡他開始了自己的發明創造工作。當然，想法和實施起來完全是兩碼事。不過，瓦特這次充分吸取了之前的經驗教訓，他充滿了自信，認為這次應該不會再因為樣機的設計缺陷而導致失敗了。他的手藝自然是無可挑剔的，之前他製造的那些精緻的儀器就是最好的證明，但實際情況卻沒這麼簡單，就像他自己說的：「大型力學機械設計製造方面的經驗是我十分缺少的。」獨自面對那臺還沒完工的龐然大物，瓦特總會感到迷茫，不知所措，只有鐵匠們能給他提供

一點幫助，但他們的技術水準實在是讓人不敢恭維，甚至連分內的工作都做不好。可以想到，這項工程是多麼的龐大，它的意義自然也是無可匹敵的。我想，即使瓦特今天還活著，在應用力學這專業性極強的領域，他也無法再找出一個年份，取得的進展比 1764 年更具突破性了，在那年，一個叫詹姆斯·瓦特的年輕人加入了研製改良蒸汽機的大軍，從此歷史翻開了嶄新的一頁。當然，現在很容易製造出瓦特當年那樣的樣機，甚至透過自動化程度很高的機器完全可以製造出比蒸汽機結構複雜得多的汽油發動機或電動發動機。而且，也不再需要工人們有像從前那樣熟練的手藝，只需要他們站在機器前進行簡單的操作，自動化設備就能精確地把產品製造出來。在今天的社會生活中，瓦特的研究成果雖然發揮的作用已經不再那麼明顯，但無庸置疑，瓦特式蒸汽機的誕生讓機器大生產時代由此開啟，它可以說是米娜瓦女神[18]象徵的智慧、工藝與發明的偉大精神的完美詮釋。從此以後，人類的生產生活方式開始發生了歷史性的進展。

　　經過 6 個月的艱苦工作，瓦特終於完成了樣機的製造，雖然每一個零件都是瓦特挖空心思精心設計製造的，但是我們也不得不感嘆，任誰都無法克服時代的局限性，如果用兩百年後現在機械製造的標準來審視瓦特的那件「大作」，只能算是「小

---

[18]　米娜瓦（Minerva），古羅馬智慧女神，即希臘神話中的雅典娜女神。

兒科」。但是這樣的比較沒有任何的意義，這樣的樣機已經完全能夠滿足要求了，實驗結果確鑿無疑地證實了瓦特的觀點是正確的，瓦特提出的理想蒸汽機設計原則已經無庸置疑。他的熱情已經被充分地調動起來了，決定立刻著手進一步的探索。西元 1765 年 4 月，瓦特在一封寫給朋友的信中這樣描述他當時的狀態：「我的所有精力都集中在這臺蒸汽機上，對其他事情沒有一點興趣。」事實也是這樣，瓦特只要一睜開眼，蒸汽機的事情就會充滿他的大腦。他已經看見了勝利的曙光，並且堅信自己走在了通往成功的道路上。很快，瓦特準備在解決第一臺樣機缺陷的基礎上，開始製造一臺擁有更大功率的蒸汽機。累積了一定經驗的瓦特和一位助手開始滿懷熱情地製造第二臺樣機，這次只花了兩個月的時間，但是這臺樣機在進行第一次試驗測試時，還是出現了不少的缺陷，而且冷凝器還是需要進一步改進。不管怎麼樣，這次還是取得了不小的進步，這臺樣機能夠產生每平方英寸 15 磅的壓力。和之前一樣，主要問題還是出現在汽缸和活塞上，解決汽缸密閉性的問題很簡單，加一個密封圈就行，當時相當落後的加工工藝是出現這個問題的主要原因，其實只要採用整體鑄造技術，就可以製造出最簡單的封閉式汽缸，遺憾的是那時還沒出現這項技術呢！不過我們真的不必過於苛求，1765 年的格拉斯哥市就是這樣的狀況，我們能做的只能是感慨技術發展的如此迅速，不過是過去了 150 年，人們的生活方式大不相同了。

　　我們現在有必要重申一個事實，瓦特不只是一位發現者、發明家，還是一位擁有超高技藝的工匠，只有他能夠用那雙靈巧的手將思想的形狀勾勒出來，「使如煙的無，化作棲身有地的有」（莎士比亞《仲夏夜之夢》），因為在那個時候他那偉大的構思仍舊是「如煙的無」，需要手藝出色的工匠把它們變成現實。所以，瓦特不僅是一位發現者、發明家，還是一位技術工人，而且這一點特別重要。在製造樣機的過程中，他很快就發明出了一種新型的複合式生產方式，使工作效率得以大大提升。這樣的成功，也只屬於他這樣腦力與體力兼顧的技術者。而同時身受發現者、發明者和生產者的三重身分壓力，瓦特必須讓自己的神經時刻保持繃緊。

　　汽缸雖然有嚴重的缺陷，但原因也很明顯，那不過是機械製造問題，只需換用新的加工工具，再培訓一下工人們就可以了。理想的汽缸應具有氣密性良好的特性，在活塞與汽缸內壁之間不能有漏氣的現象。

　　但是另一個問題解決起來就很困難了。瓦特在汽缸的頂部安裝了一個圓形的活塞，就像紐科門蒸汽機那樣，他把汽缸頂部密封起來，用來將蒸汽與活塞上表面的冷卻水隔離開；填充活塞與汽缸內壁之間的空隙，不讓蒸汽洩露。但是事與願違，這臺樣機進行實驗的時候還是四處漏氣，無奈的瓦特只得嘗試換了很多種不同材料來封閉活塞，但是這些都不過是權宜之

計。在寫給一位朋友的信中，瓦特傷心地說：「我那白色的鐵人死了。」那可是瓦特的一件得意之作，這次失敗對他來說確實一次沉重的打擊。禍不單行的是，漏氣的問題已經把瓦特搞得焦頭爛額了，他剛剛完成對整臺機器的大修，又慘遭橫梁（連接活塞杆和泵杆的裝置）斷裂。面對接二連三的問題，瓦特雖然有些氣餒，但是他絕對沒有向困難屈服，憑藉執著的精神。他將前進道路上難題一一克服，因為他確信，自己已經發現了怎樣正確利用蒸汽的方法。

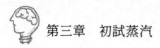 第三章　初試蒸汽

第四章　合夥人羅巴克

　　經過一系列實驗後，現在是時候將產品從實驗室推向市場了，當然有一個前提，那就是要獲得資本的支持。瓦特的蒸汽機計畫差不多需要幾千英鎊的資金。如果瓦特是一位富翁，那麼這些都將變得順風順水，根本不是問題，但是現實是瓦特是一個阮囊羞澀的人，除了做儀器製造生意時的積蓄外，他沒有別的收入了，而且那些錢也已經快花完了。瓦特現在進退兩難，況且他的蒸汽機市場是怎樣的前景還無法預料，投資給這樣一個前途未卜的人確實需要極大的勇氣，此時，又是布萊克教授慷慨地借給瓦特錢，這可以稱得上雪中送炭，瓦特後曾經說，布萊克是他一生的朋友和導師。但是布萊克明白，自己的能力也很有限，和約翰・羅巴克博士那樣的富商合作，才是瓦特這樣的發明家最需要的，著名的卡倫煉鐵廠就是這位富商創辦，這座工廠在蘇格蘭鋼鐵工業史上可謂寫下了濃墨重彩的一頁，伯恩斯被拒絕進入卡倫時，也曾寫下這樣的詩句：

　　我們來這感受成就，希望汲取智慧，迎接我們的卻是一座地獄，沒有任何神奇可言。

　　一開始羅巴克對瓦特的工作並沒什麼興趣，但在布萊克博士的引薦下，他的看法有所改變。1765 年 9 月，他邀請瓦特到自己鄉下的莊園做客，並極力勸說他「無論是做科學研究還是商業活動，都應該竭盡全力，將這項發明推進下去」。同年 12 月，瓦特寄給羅巴克一張汽缸和活塞裝置的樣圖，但是那套裝置實

在太簡陋，沒有一點實用性可言，他在寫給羅巴克的信中誠懇地說：「現在我資金太困難了，只能採用鍛造工藝來製造。」

　　瓦特現在已經深陷缺乏資金的困境中，實驗研究需要錢，大量的錢，但是短期內卻是無法產生效益的。而且這時的瓦特已經有了自己的家庭，為了養家糊口，他被迫決定暫停手頭的研究工作，先去找份工作再說。起初瓦特找了份測量員的工作，這項技術他以前製造測量儀器時就已經精通了。而且瓦特這個人總是喜歡琢磨手邊的東西，只要發現了搞不清楚的事情，就會鑽研下去，一刻也停不下來，再加上他那顆精明的頭腦，他很快就把新工作做得十分出色，贏得了一片讚譽，後來他還晉升為格拉斯哥市的一名地方官。在那段時間，他還主持勘測了一條用來運輸煤炭的運河，這是一項幾近完美的工程。他後來又被委以負責福斯 - 克萊德運河工程勘測工作的重任。這時的瓦特可以說是名利雙收，但是他也離開那些實驗研究太長的時間了，實驗室才是這個天才最理想的舞臺。但是無需擔心，我們的英雄是不會被安逸和享樂沖昏頭腦的，他的心一刻都不曾遠離蒸汽機事業。到了西元 1767 年，困擾瓦特已久的資金問題終於暫時得以解決，羅巴克的加入讓瓦特獲得了充足的資金支持，他迫不及待地回到了朝思暮想的實驗室。羅巴克承諾為瓦特償還總計 1,000 英鎊的債務，並承擔獲得專利權的費用，接下來的研究實驗他也會予以資金支援，他將獲得這項發明的三分之二的股份作為回報。

由於之前得到的結果不滿意，西元 1768 年，瓦特再次試驗了一臺更大的樣機。他在寫給羅巴克的信裡報告了試驗的進展狀況：「由於試驗過程中出現的一個意外，水銀從水銀計洩漏，到了汽缸裡。」不過經過緊急的搶修，只過了一個月就開始了第二次試驗，但這次的結果卻截然不同，用瓦特的話說就是：「令人心滿意足的成功。」現在終於可以履行之前對合夥人羅巴克先生做出的承諾了，瓦特寫信給他告知了這個喜訊：「我真誠地希望您盡情享受成功的喜悅，並且願它給您帶來盡可能豐厚的回報。」瓦特還向羅巴克先生發出盛情邀請，請他到格拉斯哥來。現在，他們終於可以用這個來得有些遲的成功來將心頭那些長久揮之不去的失敗的傷痛記憶抹去了。只要將試驗成功的蒸汽機投入生產，大筆的財富便唾手可得，這對搭檔好像已經看到了他們的前途充滿無限光明。但是不久之後，他們的美夢就被殘酷的現實無情擊碎了。就像一首老歌中唱到的那樣：

　　我看到了朝霞中的小山，山後有傍晚的暴風雨。

　　也許現實真的是在捉弄瓦特還有羅巴克，對於他們而言，艱苦的日子還遠遠沒到結束的時候。如果是在現在，試驗成功的下一步就是申請專利，但不過只是走個形式，都是些水到渠成的事情，但是在瓦特那個時代，考慮到製造蒸汽機屬於罕見的壟斷性技術，事情就比想像中複雜得多了。要想成為這項技術的法定擁有者的第一步是瓦特先去特威德河畔貝里克希爾作一

份必要的聲明。但是這還只是個開始，為了拿到專利權，他還得去倫敦辦理一大堆煩瑣的手續。一直到西元 1768 年 8 月，瓦特還奔走於各個專利機構間，這時的他已經被搞得筋疲力盡了，還有就是需要繳納巨額的專利保護費，這是更讓他難以忍受的，他近乎絕望了，寫信告訴妻子自己在倫敦的遭遇。對於無比焦慮的瓦特來說，始終都保持樂觀心態的妻子的勸慰絕對算得上是一劑良藥：「雖然事情沒能如你所願，也一定要保持心態的平穩。即使沒能把專利申請下來，說不定還會有別的收穫，總之，無論遇到什麼情況，都不要喪失信心。」試驗大獲成功曾一度令他大喜過望，然而很快他就發現，自己原來並沒有到達成功的峰頂，最多只能算是站在半山腰上沾沾自喜，於是轉瞬間就又跌到了失望的谷底。其實瓦特產生這種意志消沉以及自我懷疑的情緒是可以理解的，人的精神如果長期處於高度緊張狀態，就會不定期表現出厭倦工作的情緒。瓦特是幸運的，這是因為他的身邊有一位最好的精神醫生，那就是他的妻子，否則除非他的工作能夠馬上就貢獻利潤，否則他根本沒辦法讓自己的心態保持平和。

在這裡，我們需要強調下瓦特的性格裡有一點十分顯著，工作和生活中的他經常會表現出這一點來，那就是他並非一個見過什麼大場面的人，雖然他從事的研究工作與市場有著緊密的關係，但他本人對商業領域實際上是持排斥態度的。他寫給

後來的合夥人馬修・波爾頓的信中也這樣說道：「和去核對帳目或者談一筆生意相比，我寧願去面對一門裝了炮彈的大炮」。可見他是多麼的厭煩生意上的事情。他可以用一顆獅子般勇敢的心去面對任何別的困難，但是這不包括金錢，在他的眼中，金錢彷彿是黑暗中一隻令人恐懼的怪物。瓦特曾這樣說過：「以色列國王所羅門曾經說過，隨著知識的增加，痛苦也會隨之增加，我覺得，如果用商業利益換了知識，也是一樣的情況。」

面對這個棘手的問題，羅巴克的表現得就輕鬆多了，他總是用無比豁達的心態鼓勵瓦特要向前看，繼續搞研究。西元1768年10月，在他寫給瓦特的一封信中這樣說道：

知道嗎，朋友？最近的你，正在讓一生中最為活力四射的那段時間不知不覺地溜走，這樣可不行啊，我們不能虛度每一天每一刻。根本沒必要讓自己為那些無關的煩心事所困擾，現在，盡快設計一臺功率合適的蒸汽機才是你最該考慮的事情。

西元1769年1月，瓦特在寫給威廉・斯莫爾博士的信裡也發了牢騷：「已經辛苦了那麼長的時間，但工作卻沒什麼進展，現在對於我而言，好像擁有健康的身體和精神狀況都成了一種奢望！」一個月後他寫的另一封信中又這樣說：「頭痛最近一直在折磨著我，我總覺得沮喪消沉。」而且失眠也找上了瓦特，但是他依然孜孜不倦地研製著蒸汽機。

後來瓦特得到了一本詳細講述礦山機械加工工藝的書，遺

憾的是這是一本德文書，瓦特根本讀不懂。不過瓦特還算幸運，當時有一位他認識的講德語的瑞士染工剛好搬來了格拉斯哥，於是他就開始向這位朋友學習德語。沒過多久他就可以讀懂那本書了。他之前就是這樣學會法語和義大利語的。所以這段時間他工作雖然沒有取得太大的進展，但情況也不算糟糕，他還是有一定收穫的。總而言之，即使健康狀況不佳，為了理想中的蒸汽機，他前進的腳步沒有一刻停止過。

瓦特精心準備了第一項專利申請書，在那個時代，這對於壟斷性技術是至關重要的，尤其是在專業性極強的領域，一定要時時留心，字字斟酌，很可能一兩句話往往就決定了專利的合法性。在這件事情上，瓦特的確展現出了他傑出的才能。

現在專利申請時，大眾的意見已經沒什麼作用了。但在瓦特所處的時代，一位發明家在申請擁有某項專利時，政府卻需要去參考民眾的意見。亨利・布魯厄姆勳爵就曾強烈抗議過這一點，在他看來，發明家們完全有獲得專利報酬的資格，這位英國政治家也不可避免地成為大眾攻擊的靶子，但他無疑是今日世上發明家們的大恩人，正是在他的努力不懈地推動下，那些天才的頭腦終於能夠用他們的智慧與知識賺取應得的報酬了。

西元 1769 年的 1 月 5 日，瓦特終於盼到了具有歷史意義的第一項專利，也是在這一年，阿克萊特 [19] 也獲得了水利紡紗

---

[19] 理查・阿克萊特（Richard Arkwright），西元 1732 至 1792 年，他創辦了英國第一家棉紡廠，也是水力紡紗機的發明者，被譽為「近代工廠之父」。

機專利。僅僅一年以後，哈格里夫斯[20] 獲得了珍妮紡紗機的專利，這項偉大的發明也被視為英國工業革命開始的象徵。隨後，美國的發明家伊萊·惠特尼[21] 又發明了軋棉機，這兩項發明讓英國的紡織工業得以飛速地發展。英國至今在這個產業都保持著世界領先地位。在這個沒有多大面積的島國，竟然有 5,600 萬錠紡紗機在運轉著，這個數量甚至超過了其他國家的總和。多年以後，史蒂文生[22] 又發明了鐵路機車。

我們要永遠銘記這四位偉人——瓦特、史蒂文生、阿克萊特、哈格里夫斯，正是他們憑藉智慧的頭腦和靈巧的雙手引領了時代的進步，將人類一舉帶進機器大工業時代，在那段百來年的歷史進程中，演繹了一段華美無比的樂章。

這些偉人的事蹟發人深省，對現在的產業工人更具有很深的教育意義。我們從他們的經歷中能夠得到這樣的啟示，產業工人這項職業是非常有前途的，他們在生產前線工作，所以是最有可能在這方面做出突破性創造的。當我們在為缺少機遇而感嘆的時候，更應該想一下他們的事蹟，跟我們一樣是平凡的工人，他們卻做出了不平凡、不朽的成就。

西元 1769 年，瓦特發明的冷凝器獲得了他在革新紐科門蒸

---

[20]　詹姆斯·哈格里夫斯（James Hargreaves），西元 1721 至 1778 年，英國蘭開夏工人，「珍妮機」發明者。

[21]　伊萊·惠特尼（Eli Whitney），西元 1765 至 1825 年，美國發明家和企業家。

[22]　喬治·史蒂文生（George Stephenson），西元 1781 至 1848 年，英國工程師、鐵路機車的發明者。

汽機過程中的第一項專利。不過當時紐科門蒸汽機還是最實用的蒸汽機，不過它只能運用在驅動水泵為礦井排水的用途上。前面說了，這是一種大氣式蒸汽機，還稱不上是正意義上的高效實用蒸汽機。它一個最明顯的缺陷就是蒸汽只是在上行衝程推動活塞做功，當活塞到達衝程頂端時，進汽閥關閉，注水閥打開，冷水進入，活塞下方的廢汽冷凝後從而形成了真空，活塞在大氣壓的作用下進入下行衝程。然而這樣每個衝程，汽缸都會被反覆加熱冷卻，這導致差不多 4/5 的蒸汽熱量都被損失掉了。為了將這個缺陷克服，提高熱效率，根據「汽缸應始終與蒸汽保持恆熱」的理想蒸汽機設計原則，瓦特發明了冷凝器，分離式冷凝的專利檔中對此均有明確的表述。在這個原則的指引下，瓦特繼續開展他的蒸汽機改良工作。1780 年，他發明的雙作用式蒸汽機獲得了第二項專利。

瓦特清醒地意識到，雖然已經成功研製了帶有冷凝器的蒸汽機，而且這種蒸汽機的性能要比紐科門蒸汽機優越得多，但是在很多方面還是有明顯缺陷，一定要以誠惶誠恐的心態繼續深入研究，現在還不敢妄談勝利。為了讓這些缺陷得以改進，瓦特後來又進行了多年的艱苦工作。不過這也在提醒我們，在改良蒸汽機過程中，瓦特的發明不只一項，而是很多項。斯邁爾斯先生對瓦特在革新紐科門蒸汽機過程中所做的各種有益嘗試進行了簡要的概括：

他試驗了噴射型和表面型冷凝器，嘗試過管式、槽式及筒式冷凝器，設計了防止熱量散失的蒸汽套，為提高活塞與汽缸內壁間的氣密性及汽缸的使用壽命採取了多種措施，對冷凝泵及填料函進行改進了，將單項汽缸裝置改裝成了雙向汽缸。所有這些發明全都經歷了無數次的挫折，雖然屢次遭受失敗，但瓦特還是堅持不懈，最後終於將一點一滴的成功累積成了歷史性的飛躍。

　　毫無疑問，蒸汽機的革新是個艱苦而漫長的過程，有時候甚至可以用枯燥來形容，從事這項工作的人不僅要有常人所沒有的天才頭腦，還要任何什麼情況下都保持心態堅定樂觀，而瓦特正是這樣的人，至少在當時，他是當之無愧的佼佼者。

　　在那段時間，還有很多事情值得我們深思。當一位貴族大加讚賞瓦特取得的巨大成就時，他這樣回答：「大眾的眼中只有那些耀眼的成就，不過我自己非常清楚，是成功背後所經歷的一次次痛苦的失敗與挫折，使我一步步攀登上事業巔峰的。」這就是無可爭辯的事實，即便人們不願相信。欣賞一位偉人時，大眾的目光總是習慣性聚焦他成就的光環上，而將他經歷過的失敗忽視，而在瓦特看來，這才是最寶貴的財富。「失敗會讓我們站得更高」，發現了錯誤並及時改正，我們才會進步。那些從來沒有犯過錯誤的人注定會一事無成，因為沒有犯過錯，他們也就不可能有什麼收穫。從這個意義上講，同樣的錯誤聰明人從來不會犯兩次，這就是聰明人與蠢人之間的唯一區別。

現在，瓦特已經對蒸汽有了相當全面深入的研究。西元1769 年 3 月，在一封寫給老朋友威廉‧斯莫爾教授的信中，瓦特曾預測高壓蒸汽動力將會在鐵路機車上得到應用，他這樣說道：

我準備在大部分情況下利用蒸汽的膨脹力來推動活塞。當前的車輛發動機一般利用的是空氣重力。一般情況下，我準備把冷凝器裝在這些發動機上，利用蒸汽的膨脹力來做功，這樣產生的動力要遠大於只利用空氣時，因為蒸汽的膨脹力要比空氣的重力大。在無法獲得大量冷水的情況下，我準備只利用蒸汽的膨脹力來推動活塞做功，做功後的蒸汽將被排放到空氣中。

由於之前提交的專利申請說明書中將發動機製造的細節隱去了，瓦特為了有效保護專利技術，只能在高度保密的情況下，使用自己的專利技術來製造第一臺大型瓦特式蒸汽機。在此之前，他已經完成了一臺小型樣機的試驗測試並獲得了成功，地點就在羅巴克博士家附近的一間位置偏僻的小屋裡，那裡可以躲開窺視的眼睛。瓦特在格拉斯哥的工廠及卡倫煉鐵廠共同負責發動機零部件的生產。但在製造這臺發動機的過程中，他依然被缺乏優秀技術工人的老問題困擾著，所以被迫無休止地與工藝缺陷對抗。而且隨著工程的深入還會經常遇到無法預料的棘手問題，這讓他有時躊躇滿志，有時提心吊膽，情緒的巨大波動每時每刻都在折磨著他那本就敏感的神經。發動

機接近完工時，被憂慮與希望雙重摧殘的瓦特患上了失眠，他憂心忡忡地寫道：「到了接受命運判決的時刻了。」此時他的合夥人羅巴克先生與瓦特相反，他因為看到第一臺瓦特式蒸汽機成功在望而信心十足，還總是勸瓦特不必過於多慮。他異常堅信那句格言：「別向魔鬼問早安，除非你真的見鬼了。」在斯邁爾斯先生看來，如果不是羅巴克在支持瓦特，他的工作可能真的繼續不下去了。我們不該對瓦特不屈不撓的精神產生懷疑，但他因為長期處於緊張工作狀態下，確實需要找到一個途徑來宣洩情緒，需要有一個安全之所，讓他可以有片刻喘息。溫柔善良的羅巴克夫人也堅信，她的丈夫才是決定這對搭檔的合作成敗的關鍵人物，如果沒有他，什麼事情就會變得一團糟。我認為，斯邁爾斯先生得出他前面的觀點的依據，可能就是羅巴克夫人寫給羅比森教授的信：「有時傑米（瓦特）看起來簡直像個同性戀者，如果沒了我丈夫的支持，他的工作往往會陷入癱瘓之中。」就我本人所了解的，有這樣一家企業，那些合夥人的夫人們都和羅巴克夫人看法一致。在她們看來，在她們那些身為商業菁英的丈夫們之中，有 3/4 的人都會絕對相信他們的合作夥伴會將最有價值的想法毫無保留地分享給他們。瓦特在進行這項工作期間，斯莫爾先生始終對他的進展保持關注，並慷慨地幫助他，當瓦特遭遇失敗、情緒低落時，向他發出熱情的旅行邀請，在妻子的陪伴和照顧下，他沒多久就恢復了健康。

在當時的情況下，羅巴克夫人的觀點完全是合乎情理的。毫無疑問，正是羅巴克先生給予了瓦特勇氣和希望，對於那位總是深陷過度緊張與焦慮的發明家而言，這其中的價值是難以估量的。畢竟瓦特雖然是個天才，但他並不是十全十美的，他也有性格上的缺陷。

西元 1769 年 9 月，第一臺瓦特式蒸汽機樣機歷時 6 個月時間終於完工。然而接下來進行的一系列試驗測試結果，卻令人十分失望。用瓦特的話來講，這都是「拙劣的作品」。新採用的管式冷凝器冷卻效果很差，汽缸的鑄造工藝不佳，活塞密封性能差的問題還是沒能解決。活塞密封墊圈他嘗試了很多種材料，包括軟木、油紙、普通紙、馬糞紙等等，但始終沒能解決蒸汽的洩漏問題，甚至在進行了一次大修之後這個問題依然存在。第二次試驗也沒有成功，瓦特承認，他之前製造出來的樣機和大型實用發動機相比只能算是件簡陋的小玩具而已，將理論變成現實的路還要走很遠！我們從這件事情上就可以深切地體會到，在蒸汽機這樣的大型精密機械的革新過程中，優秀的機械師與發明家的角色都是一樣的重要。

不過任何事情都無法動搖堅信自己的思路是正確的瓦特信念，因為科學利用蒸汽的方法已經在他的眼前展現。試驗的失敗與理論沒有關係，他目前缺少的就只是一座工廠，一座擁有一流機械加工工藝設備和技術工人的工廠。顯然，羅巴克的卡

倫煉鐵廠以及其他已知的那些工廠無法滿足這個要求。

　　躊躇之際，瓦特想到了威廉·斯莫爾博士，他在寫給這位老朋友的信中告知了自己的窘境：

　　你現在根本無法想像我是多麼大失所望。那種在一根繩子上吊死的感覺真的是太糟糕了。如果現在有充足的資金將之前的債務償還完，結果也不會是現在這個樣子；不過我又不忍心看到別的人因為我的事情而蒙受損失；為什麼我常常好心辦壞事呢？

　　隨後的幾年中，瓦特簡直倒楣到了極點，資金的壓力始終都在折磨著他。西元 1772 年到 1773 年還爆發了嚴重的金融危機，很多私人銀行破產，那些放款人和富商們的日子也越來越不好過，債務纏身的人遍地都是，唯一值得慶幸的是，已經不是那個會因為債務問題而坐牢的年代了。瓦特那位從來都是樂觀熱情的合夥人羅巴克先生的生意此刻也深陷危機之中，他本來還對那臺新型瓦特式蒸汽機寄予希望，希望它能夠試驗成功好大賺一筆，讓他掙脫危機的泥潭，但是不幸他的希望破滅了。瀕臨破產的羅巴克現在已經無法支付協議條款中規定的蒸汽機專利費了，情急之下，瓦特只能找到布萊克教授借錢，瓦特一生都對這位事業上的導師和朋友懷有深厚的感激之情。我們這裡有必要再次介紹一下約瑟夫·布萊克教授。瓦特是個人格魅力超群的人，自然也有一群博學而品格高尚的朋友聚集在

他的周圍，但是布萊克卻是少有的總能在關鍵時刻真誠地幫助朋友的人。所以當我們介紹瓦特時，總會提到約瑟夫‧布萊克和威廉‧斯莫爾這兩個人。瓦特對這些朋友自然是感恩戴德的：「我一生中最大的幸福就是擁有一群親愛的朋友。」

　　雖然擁有專利，但瓦特的時間卻有太多太多是浪費在了那些瑣事上，他實在是無法經受漫長的等待了。而且他必須承擔起對家庭的責任。瓦特在一封給斯莫爾寫的信中，表達了自己那無比急切的心情：「我還有妻子和孩子，眼看著自己的兩鬢已經開始斑白，卻還沒有固定的工作來供養他們。」他無奈地又去做起了測量員、監督員之類的工作，這以後的幾年中，瓦特勘測了蘇格蘭境內幾條主要運河工程作業，看起來他好像不打算再研究蒸汽機了。不過有一點是需要強調的，那就是這些運河對蘇格蘭內陸商業的繁榮發展都有至關重要的作用，因為在鐵路運輸出現之前，運河是內陸貿易活動的主要交通方式。後來瓦特又被委託去做蒙克蘭運河工程（1770-1772）的監工。在這期間，斯莫爾博士寫了一封信告訴瓦特，他和馬修‧波爾頓先生已經討論過利用高壓蒸汽機驅動運船是可行的，在西元 1770 年 9 月 30 日的回信中，瓦特問道：「用螺旋槳還是用雙葉的問題你們考慮過嗎？」為了進一步解釋他的想法，瓦特寄給斯莫爾一張他繪製的四葉螺旋槳草圖，現在通用的螺旋槳就是這樣的。請注意，這絕對是一封至關重要的信，瓦特在這封 150 年

前寫的信件中，用文字為我們勾勒出了一幅十分壯麗的圖畫，
畫面的內容就是他那顆非凡的頭腦中設想的未來。

　　瓦特還參與到克萊德運河的勘測工作當中。這期間，他提
出了改建克萊德河及格拉斯哥港口的建議，這個當時最為繁忙
的海運樞紐卻有著極為糟糕的交通狀況。不過這些問題直到今
天還沒有徹底得到解決，當然情況已經大為改觀，現在格拉斯
哥附近的工廠就能夠製造出 16,000 馬力的渦輪發動機。西元
1770 年 4 月，瓦特接受了一條運河的線路勘測工作，這條運河
是從珀斯至庫珀安古斯的，這就是著名的克里南運河。之後他
又接受了蘇格蘭高地西部的幾項工程，包括偉大的喀里多尼亞
運河和克萊德運河。

　　珀斯運河的長度是 40 英里，並且從丘陵地帶穿過，瓦特在
這項為期 43 天的工程中拿到了 400 美元的報酬，這在當時是相
當低廉的報酬了。後來他又在克萊德河上的一座大橋設計中得
到了 37 美元的報酬。接下來他參與了格拉斯哥港口碼頭改建工
程。西元 1773 年秋，在一片還沒有通公路的地區，瓦特完成了
他在蘇格蘭境內最後一項工程勘測任務，這項任務也是最重要
的，那就是喀里多尼亞運河工程。那裡環境條件惡劣無比，瓦
特曾在日記中寫道：「我已經被連著下了 3 天的傾盆大雨淋成了
落湯雞，哪裡都是溼漉漉的，我現在甚至沒有放日記本的地方
了。」

瓦特努力把這段時間掙到的錢存起來，實際上，他的心底還在惦記著蒸汽機的事情，正如他在一封信中說的：「其實我的蒸汽機研究進展狀況是挺好的，現在我已經有能力把所有的債務還清了，所以我想讓自己能夠盡快回到實驗室。」

　　西元 1773 年 9 月，瓦特遭遇了人生中最沉重的一次打擊。格拉斯哥傳來噩耗，妻子瑪格麗特死於分娩，但他卻沒有在那邊。瓦特知道消息以後立即從喀里多尼亞運河工地趕往格拉斯哥。瓦特神情呆滯地在熟悉的家門口站了許久，他已經沒有邁進這個已經殘缺不全的家的勇氣，沒有面對失去愛人的現實的勇氣。過了好久，門被打開了，之後，又關上了，一切都是那樣安靜，一切的語言都變得那樣的蒼白無力，我們無法看見門裡面發生了什麼，我們也無須看到，將眼睛閉上，以一種同樣哀傷的心境去感受這一切吧。

　　妻子去世後，瓦特始終在努力試圖找回生活的勇氣，但是面對曾經是那樣的溫馨，現在卻壓抑得讓人窒息的家，他實在無法做到。他感到自己是那樣的無助，短時間內根本無法走出這巨大的悲痛。但這是人之常情，任何一個失去妻子的人都會這樣想：「再也沒有人愛我了。」現在，在瓦特的眼睛裡，生活的希望之火已經熄滅了。

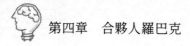 第四章　合夥人羅巴克

第五章　合夥人波爾頓

最讓剛剛從失去妻子的悲痛中走出來的瓦特感到憂慮的，就是羅巴克所遭遇的不幸，他的生意以及自己的財產都已經託管給債權人了。瓦特也想為好友提供幫助好友，卻又力不從心，這讓他深深地感到陷苦和自責，他說：「我的心彷彿都在為他滴血，但我卻為他什麼都做不了。我會盡自己最大的努力支持他。」他力所能及的，也不過是將羅巴克那 1,000 英鎊的專利費退還，但是這點錢對於事業龐大卻深陷危機的羅巴克而言只是杯水車薪。況且即使這樣，瓦特還是欠著好友很多的錢，這些債務直到後來他的事業成功後才徹底還清。

現在，我們不得不遺憾地與羅巴克先生再見了，在與瓦特的多年合作中，羅巴克先生展現出了高尚的品格，並始終給予瓦特大力的支持。對於羅巴克而言，最大的遺憾就是被迫放棄了在瓦特式蒸汽機專利中的股份，實際上，如果他能再堅持一下，把手中的股份留下，就像我們後面將會看到的，那將會為他帶來無與倫比的回報，可以讓他迅速擺脫破產的泥潭，作為瓦特改良蒸汽機的研製道路上一位不可缺少的朋友，他也會成為一位名利雙收的大人物。

黎明之前是最黑暗的，現實也是這樣。在沒有了羅巴克的幫助後不久，瓦特迎來了他的事業上那位最偉大的合作夥伴 —— 伯明罕的富商馬修・波爾頓，這個名字將和瓦特一起青史留名。我們首先得簡單介紹一下波爾頓先生，把瓦特從默默

無聞的實驗室推向歷史舞臺中央的，正是他這位高瞻遠矚的合作者，而他自己也因此獲得了巨大的榮耀。當然，擁有這樣的朋友，瓦特是當之無愧的，他用自己的無限真誠得到了朋友們的真心。就像那句格言說的：「如果你想要擁有朋友，那你自己先要得和別人做朋友。」

對於瓦特而言，與波爾頓的合作可以說是占盡了天時、地利、人和。波爾頓不僅是一位眼光獨到的精明商人，而且他所處的地方也很合適：伯明罕是當時英國機械工業的中心，而且擁有便利的交通，西元 1776 年，伯明罕修建了一條平坦的、到首都倫敦的公路。即使在 1747 年，只要路況不是太壞，乘馬車到倫敦也用不了兩天。

伯明罕擁有最先進的工藝設備和熟練的技術工人，這正是瓦特最為需要的。伯明罕這裡是機械技術中心，而且波爾頓先生的索荷製造廠也在這裡，他從父親那裡繼承的這間工廠，一開始規模不大，波爾頓先生憑藉精明的頭腦很快就將其發展成為一家規模空前的大企業。

波爾頓很早就不再讀書了，跟著父親學做生意，而且迅速表現出自己擁有極高的天賦。17 歲時，他就能對紐扣、錶鏈和一些小裝飾品的製造工藝進行改進，而且還發明了一種當時特別流行的新型飾扣，這種飾扣早期還曾向法國大量出口，後來因為法國人的工藝水準和品味提高才轉回英國本土銷售。我們

從這件事情上也能看出，人們的審美標準始終是在變化的，每種時尚或潮流在時間上都是具有局限性的，這是一條亙古不變的真理。

　　波爾頓在父親去世以後繼承了他的產業。他絞盡腦汁地提高產品品質，特別是工藝品質，並且盡可能地降低價格，讓他的產品物美價廉。波爾頓這位商人眼光獨到，他不僅選擇精工巧匠，還僱用一批當時最優秀的藝術家為他設計出藝術美感十足的產品，約翰・弗拉克斯曼 [23] 就是其中的一位。波爾頓在一封寫給索荷製造廠的一位來自倫敦的合夥人的信中，講述了自己所推崇並不懈追求的商業理念：「落後的生產方式嚴重影響了伯明罕的發展，產品品質低劣太多的，根本滿足不了人們的需求。」美國讀者們應該對一美元計畫十分熟悉，這個計畫的核心就是透過擴大產品生產規模的方式來降低價格，這正是受到了波爾頓的啟發，他當年曾就如何才能保證商品物美價廉表述了自己的看法：「大規模機械化生產結合人工手工生產，就能夠有效地提高產品的產量和工藝水準。」波爾頓迅速實施自己的想法，從此開始創造屬於他的「商業帝國」，當時甚至連王室在他的工廠也有投資，一時間索荷製造廠間聲名鵲起，成為英國將自己發達的機械工業水準展示給全世界的窗口；波爾頓對來自世界各地絡繹不絕的參觀者熱情招待，他們大部分都是社會名

---

[23]　約翰・弗拉克斯曼（John Flaxman），西元 1755 至 1826 年，英國雕塑家和插畫家，以新古典主義作品聞名。

流，包括貴族、作家、詩人、學者、商人等等。

　　那個時期，索荷製造廠門口擠滿了請求當學徒工的人，波爾頓每天都糾纏在這些事情當中，而且大部分的申請者還都有身分的社會名流，而且不時還會交上高達幾百英鎊的學徒費。但是波爾頓還是毅然拒絕了他們，他更願意雇用那些天資聰穎的孩子，經過充分的培訓後，他們可以成為熟練的技術工人。他在答覆一位紳士的申請時這樣說道：「我已經建立起一所完備的對學徒工進行訓練的機構，他們都是些孤兒、教區學徒以及醫院裡的義工，您的兒子很有可能並不適合這樣的環境。」

　　波爾頓雖然很早就不在學校學習了，但我們並不能就此臆斷他沒有什麼文化修養。實際的情況正好相反，他在多年的經商過程中始終都在堅持自學，在學習上花了很多的時間，所以他可以稱得上一位英俊的紳士。實際上，他比那些出身貴族的紳士們要博學而儒雅得多。憑藉自己出眾的氣質和修養，波爾頓輕鬆贏得了紳士家庭出身的妻子的芳心，不過妻子的部分家庭成員卻對這樁婚事表示堅決反對，理由不過是「他是位商人」。現在，沒有已經沒有這種身分上的偏見，假如把當年波爾頓先生的遭遇放到現在，情況就會大不一樣了，說不定他那貴族身分的未來岳父也正經營著生意。

　　像大多數成功的商人一樣，波爾頓始終對新事物抱著虛心學習的態度。後來他也對蒸汽機有了濃厚的興趣，因為當時水

力資源無法滿足生產需求，他曾在索荷製造廠試著用紐科門發動機抽水，但是結果令人失望透頂。他在給一位朋友的信中抱怨道：「這種方式浪費的馬力太多（發動機運轉不夠穩定，而且總會出現停車現象），我因此想一定要製造出一種新型旋轉式蒸汽機。我也做過不少的嘗試，但結果都不能讓人滿意。」

西元 1766 年 2 月 22 日，波爾頓寫信當時正在倫敦的富蘭克林[24]，信中將他所遇到的難題進行了詳細的說明，並隨信寄去了一臺他研製的模型圖樣，不過過了一個月他才收到回信，富蘭克林對自己沒有能夠及時回信表示歉意，並解釋道：「我這段時間一直忙於美國國內的事情。」

富蘭克林和瓦特，一位征服了閃電，一位征服了蒸汽，他們都可以稱得上我們民族的驕傲，他們用自己的智慧和雙手讓人類改造自然的力量得到了拓展，引領了時代的進步，讓歷史的進程大大地推進了。

當時的人們肯定不能預料在發電領域應用蒸汽機還要走多長的路，看起來要解決的問題還有很多，那可能真的是無法想像的奇蹟。不過那些優秀的頭腦正在給我們帶來意想不到的感受。鐳，這是一種最新發現的、神祕的放射性物質，透過提純鈾瀝青礦獲取，它的含量只占鈾礦的百萬分之一。眾所周知，地球自轉一周是 24 小時，但是就在我們念出「鐳」字這個極短

---

[24]　班傑明‧富蘭克林（Benjamin Franklin），西元 1706 至 1790 年，美國科學家、發明家、政治家，《獨立宣言》的起草者之一。

的時間內，它放射出的射線就已經飛速穿越了那段距離，只需要 1.25 秒，長長的 25 公里就過去了。《仲夏夜之夢》中裡有個惡作劇小精靈珀克說過：「我能夠在 40 分鐘內環繞世界一周。」然而鐳射線可以在這段時間裡將這件事情完成 1,600 次。這些事實都在說明我們的生產生活方式正在經歷著飛躍式的變革，本世紀以來，以蒸汽機的發明和電力的應用為基礎，無數的發明與發現如雨後春筍般湧現出來。聖經《約伯記》中寫道：「你能發出閃電，叫他行去，讓它對你說：『看，我在這兒！』」約伯不說話了，以他的能力顯然無法不到這一點。但是我想他在今天能夠微笑著去面對這個問題了。正如威廉・廷代爾 [25] 所預言的，「萬物的能量都蘊含在其自身當中」。所以，我們能夠確定，如果富蘭克林和瓦特今天還健在，他們天才的頭腦必然還在不知疲倦地思考著、鑽研著那些神奇而美妙的事情。

波爾頓先生是卡萊爾筆下的首位「工商業巨頭」，對此他當之無愧，他的索荷製造廠是那個時代工業領域的一面旗幟。卡萊爾認為，在波爾頓之前，工業體系的發展還非常不成熟，企業規模很小，技術水準很低，像索荷製造廠這樣的大型企業根本沒有，所謂的商業巨頭自然也就不會有了。

瓦特之前的合夥人羅巴克先生和波爾頓先生一直有生意上的往來，他也告訴了波爾頓瓦特在蒸汽機研製上的進展，這對

---

[25] 威廉・廷代爾（William Tyndale），西元 1494 至 1536 年，英國宗教改革家和《聖經》譯者。

促成瓦特後來與波爾頓合作十分重要。波爾頓對蒸汽機也有十分濃厚的興趣，並熱情邀請瓦特到他的索荷製造廠參觀。他當時正在從倫敦回伯明罕的路上，不過當時他的好友威廉・斯莫爾博士就住在伯明罕，於是富蘭克林和波爾頓就委託他替自己接待瓦特。瓦特參觀索荷製造廠時，受到了極為強烈的震撼，他親眼目睹了那裡的工人技術之熟練和機械加工工藝之精湛，而這些正是他迫切想要的。他隨後見到了未來的合作夥伴波爾頓先生，雖然是第一次見面，但是他們很快就被彼此的魅力所吸引住了，彼此都感覺相見恨晚。

「千里馬常有，而伯樂不常有」，眼下，瓦特這匹千里馬已經被伯樂發現了。有了波爾頓的大力支持，再加上索荷製造廠一流的設備和技術工人，他可以說已經預訂了輝煌的事業！不久之後，也參觀了索荷製造廠的羅比森教授同樣也被這座宏偉的工廠所深深地吸引了。波爾頓興奮地和羅比森說，他現在已經做出了決定，再也不用紐科門發動機了：「與瓦特先生的交談真的讓我受益良多，我今後要盡量聽取他的意見。」

波爾頓與瓦特，一位是商業巨頭，另一位是科學巨匠，但兩人之間的合作完全是君子之交，沒有卑劣的手段，沒有為了一點利益而沒完沒了地討價還價，有的只是相互之間的堅定支持和真誠付出。雙贏才是最好的協議。波爾頓和瓦特是真正的朋友，他們之間建立了長期而堅固的關係，所以他們的合作必

然能給對方帶來豐厚的收益。

西元 1770 至 1772 年間，斯莫爾教授與瓦特始終保持著頻繁的通信往來，在信中瓦特曾多次提出希望波爾頓先生與他和羅巴克進行專利合作的願望。顯然，精明的波爾頓是不會與深陷金融危機的羅巴克合作的，但是羅巴克破產後，生意也託管給了債權人，情況就完全不一樣了。瓦特聽取了斯莫爾的勸說，他準備啟程趕往伯明罕。對於羅巴克先生的困境，身為多年合作夥伴的瓦特感同身受，並對他給予全力幫助：

我能為他做的好像也只有獨自承擔我自己的那部分債務。身為合作夥伴，我能替他分擔的確實太少了，以至於可以說是在袖手旁觀，在資金上，如果我能夠按照協議履行自己的義務，並且給予羅巴克先生以隨便什麼形式的補償，就算是為他分擔一些憂慮與痛苦的心情，這也可以證明我的價值。

西元 1772 年 8 月 30 日，瓦特給老朋友斯莫爾寫信求助。在回信中，斯莫爾一針見血地將問題的實質指了出來，「在現在的狀況下，波爾頓先生和我，或者是別的正直善良的人，都不會去購買這種股份，就算是為了幫助兩位特別親密的朋友，因為這樣做已經沒有什麼市場價值了。不會有人買入價值下跌的股份」，事實上，這種遊戲規則在商業領域是習以為常的，根本不必感到吃驚，在這種規則下，追逐利益才是人們一切行為的唯一目的。

　　這件事情最終得以解決了，是以一種令瓦特感到意外的方式。羅巴克在與波爾頓的生意往來期間欠了他 6,000 美元，而波爾頓現在竟然同意購入羅巴克手中的瓦特蒸汽機專利股份用以抵償這部分債務，這個條件自然是羅巴克的幾位債權人樂於接受的，對大幅貶值的專利股份他們根本沒有任何興趣。

　　開始正式合作後，波爾頓無比信任瓦特，把蒸汽機的事情完全交給他來負責。但這項工程很龐大，就算有波爾頓的支持，要想獲得成功也還需要時間，在給他的信中瓦特寫道：「事情尚不明朗，還需要大量的時間和資金才能製造出理想的蒸汽機。」瓦特寫這封信的時間是西元 1773 年 3 月 29 日，此時距他踏上蒸汽機改良之路已經 8 年了，在這 8 年間，他做了無數次的試驗，經歷了非常多的挫敗和沮喪，當然，這中間也有過勝利的喜悅。1765 年，發明了分離式冷凝器，這曾令他無比激動，打開理想蒸汽機大門的鑰匙終於被他找到了。但是，依然有很多難題擺在瓦特面前，需要他那天才的頭腦來破解。

　　從羅巴克手中波爾頓獲得了蒸汽機專利 2/3 的股份，這也使他和瓦特後來的合作關係變得長期而穩固，並給雙方帶來了巨大的收益。之後瓦特開始抓緊時間處理一些私人事務，在他當測量員的一年中，他只賺了 1,000 美元，其中一部分被他資助給了困境中的羅巴克，他的手頭此時已經非常拮据。西元 1773 年 3 月 25 日，在寫給斯莫爾的信中他對自己的狀況這樣寫道：

「目前，我僅能勉強維持生活，並且留出一小筆錢用於去你那裡的路費。」這就是瓦特的實際處境，他急切希望盡快啟程去伯明罕，他深信自己的事業就在那裡。

把用於試驗的發動機從金內爾透過海陸運往索荷製造廠，瓦特在西元 1774 年 5 月也到了伯明罕。自此，這位天才發明家的人生也翻開了嶄新的一頁，而且這一頁是無比燦爛的，生活中遭受的不幸和事業上遇到的挫折在他心裡長期積聚的陰霾也漸漸消散，在堅定的信念支撐下，撥雲見日的一天終於被他等到了。瓦特童年時代經常吟唱〈上主作為何等奧祕〉，讓我們以其中的一段歌詞來表達對他最真摯的祝福：

聖徒應該鼓勇振奮，不畏層雲密布；雲中深藏慈愛憐憫，化為恩雨降臨。

理想的搭檔應該是跟自己完全不同特質的人，而不該找一個自己的複製品，合作者之間應該有對彼此不可或缺的價值。比如，美國南北戰爭的時候，北軍司令尤利西斯·格蘭特 [26] 和名將薛曼 [27] 挑選參謀長總是喜歡性格迥異的人，而選擇那些與自己特質不同的人合作也是拿破崙獲得成功的祕訣之一，這樣就能夠有效地彌補自己的缺點，因為誰都不是完人，只有這樣

---

[26]　尤利西斯·辛普森·格蘭特 (Ulysses S. Grant)，西元 1822 至 1885 年，美國第 18 任總統。

[27]　威廉·特庫姆賽·薛曼 (William Tecumseh Sherman)，西元 1820 至 1891 年，美國南北戰爭時期的北軍著名將領。

做才能夠互補優勢。當一位看起來無所不能的天才遇到另一位和他完全不一樣的天才時，肯定會有偉大而奇妙的事情發生，雖然彼此不一樣，但只有互相配合才可以發揮作用，這就如同一臺龐大的機器，它內部每個零件的位置都應該保持正確，只有這樣構成一個完整的體系，它才可以正常運轉。

　　瓦特和波爾頓是一對完美的搭檔，他們之間有非常強的「互補性」，一個人存在缺陷，另一個人卻幾乎近於完美，這才是他們取得成功的決定性因素。對這對非凡的搭檔斯莫爾以熱情優美的文字為我們做了這樣的描繪：

　　雖然彼此的性格完全不同，但他們非常敬重對方。他們在性格和事業上彼此配合得十分完美。波爾頓是位充滿熱情的慷慨紳士，在事業上進取心十足，執著而堅定，遇到困難也能保持積極樂觀的態度，擁有精明頭腦的他在遇到重大問題時，總是能夠果斷地作出正確的判斷。瓦特排斥商業性活動，但是他的組織才能很突出，洞悉力也很敏銳，沒有一個細節能夠逃過他那雙銳利的眼睛。即便是坐在索荷製造廠的那間辦公室裡，他也能輕而易舉地發現運轉中的機器出現的細微異常，並且能夠迅速找出問題的所在。在商業上的巨大成就使波爾頓在歐洲、美國及東方世界的聲望都非常高。他曾寫過一首詩，以一個普通人的視角對商業的價值進行了這樣的闡述：商業天才們面對呈現在他們面前的無限廣闊的未知領域，進行永無止境的探索，點燃了人們平凡而單調的生活。

波爾頓在商業領域的傳奇，也再次印證了一個真理，如果沒有了想像力，那麼在任何領域都會一無所成。波爾頓一生都在盡情地享受工作的樂趣，同時以傾聽一段美妙傳奇故事時的無限熱情，來經營著自己的事業。而有很多人卻在工作中找不到一點點浪漫的感覺，這是多麼可悲啊。我們已經清晰地知道了波爾頓和瓦特在性格上有著本質的區別，波爾頓有識人如炬的眼光，初次見面時，他就確信瓦特日後定會大有作為，天賦只是其中一方面，而瓦特高尚的人品和對事業的執著精神是他更看重的；瓦特厭惡任何商業活動，性格謙和，充滿熱情地對待工作，態度淡然地對待財富，只要是不需為節儉的生活發愁，他就會過得非常開心，最重要的是他有這樣的決心和勇氣：把一生奉獻給蒸汽機改良事業。

　　我們繼續斯莫爾的話題。波爾頓比瓦特顯然更具有商業頭腦，他是一個舉止儒雅的人，而且他的朋友們也都是非常有教養的紳士。在索荷製造廠的那間公寓裡，他經常與朋友們聚會，來的人大部分是些科學家、文學家、藝術家，在與這些社會名流的交往過程中他受益良多。其中有下面幾位關係密切的朋友：理察·洛弗爾·埃奇沃思 [28]；詹姆斯·麥基爾 [29]；威廉·斯莫爾博士；約書亞·威治伍德 [30]；陶瑪斯·戴；達爾文博

[28]　理察·洛弗爾·埃奇沃思（Richard Lovell Edgeworth）西元 1744 年至 1817 年，科學家、文學家，曾長期致力於研究由蒸汽驅動的陸路運輸工具。

[29]　詹姆斯·麥基爾（James McGill），西元 1744 至 1813 年，實驗化學家、著名學者。

[30]　約書亞·威治伍德（Josiah Wedgwood），西元 1730 至 1795 年，實驗物理學家、傑出商人，創立了著名的 Wedgwood 品牌瓷器。

士 [31]；威廉・威靈 [32] 博士；當然還有之後來到索荷製造廠的著名化學家約瑟夫・普利斯特里 [33] 和發明家詹姆斯・瓦特。

瓦特來到伯明罕之後，對從金內爾運來的那臺樣機進行進一步的改造成為了他要做的首項工作。實際上，由於索荷製造廠擁有一流的技術工人和設備，試驗結果已經獲得了非常大的進展，但在之前 8 年的研製過程中，由於長時間缺少精密儀器來加工設備和熟練的技術工人而累積下來很多問題，這些問題依舊存在。瓦特和波爾頓都認為，必須按照科學合理的方式進行蒸汽機的研製工作。換成今天，人們自然會認為依照圖紙要求精確製造出那些零部件是件非常容易的事，但我們必須要考慮到瓦特當時所處的時代，並認知到經過一個多世紀後我們已經取得了非常大的進步。

雖然問題依然很多，但這臺樣機的性能確實提升得十分明顯，西元 1774 年 12 月，在給遠在老家格里諾克的父親的信中，瓦特也提到了這一點，「目前這臺發動機的試驗狀況令人非常滿意，可以這樣講，在性能方面它比迄今為止任何一種發動機都要好得多」。實際上，在當時那臺發動機已經十分先進了，但總

---

[31]　達爾文（Charles Robert Darwin），西元 1809 至 1882 年，生物學家、進化論奠基人。

[32]　威廉・威靈（William Withering），西元 1741 至 1799 年，英國植物學家、醫學家，首次使用洋地黃治療心力衰竭。

[33]　約瑟夫・普利斯特里（Joseph Priestley），西元 1733 至 1804 年，英國化學家，氧氣的發現者。

是保持謙遜和低調的態度，就是蘇格蘭人習慣性的講話風格，就像蘇格蘭批評家們在去愛丁堡劇院觀看完大衛·蓋瑞克演出的《哈姆雷特》之後，也會非常禮貌地說：「整體上看起來非常好。」現在，瓦特式發動機已經初步擁有了進入市場的條件，有很多之前長期存在的問題也都得到了有效的解決。但是在波爾頓和瓦特面前有一個非常棘手的問題，從瓦特西元 1769 年獲得分離式冷凝器專利權到現在已經過去 6 年時間了，換句話說，他們現在可以行使這項專利權的時間僅剩下 8 年了。而且還需要再花上幾年時間才能夠批量生產這種商品蒸汽機，等到把它投放市場時，這項專利權也就到期了，能賺到的利潤根本就沒有多少。顯而易見，這項發明有巨大的利潤空間，當時很多礦山都在使用抽水機，而紐科門蒸汽機由於其自身存在的嚴重缺陷已經明顯無法滿足這種需求，正在大量被淘汰，因此市場迫切需要一種新型高效發動機。這個巨大的商機，除了瓦特自然還有很多人也看到了，而且有一些人正在試圖利用瓦特的技術並規避專利費。當時的設計圖紙就已經被瓦特在卡倫煉鐵廠時的一位工人哈特利竊取，並且在兜售。

這些情況已引起了瓦特和波爾頓的警覺，經過認真考慮後，波爾頓決定不再為這項發明謀求一項新的專利權，而是考慮設法將現有專利的有效期限進行延長。為了促使新的專利法案在議會順利通過，瓦特起程前往倫敦並在那裡停留了一些時

日，期間主要是奔走於眾多機構間，有閒暇時間就忙於參觀他年輕時工作過的那些儀器製造加工廠。西元 1775 年，好友斯莫爾博士不幸逝世，瓦特又一次來到了倫敦，這件事使他感到萬分悲痛，在自己遇到生活和事業的困境時，斯莫爾寫給他信裡那些熱情真摯的文字曾給予了他堅定的支持。遠在伯明罕的波爾頓對瓦特的這種感受是完全能夠理解的，他和斯莫爾之間也有著相當深厚的感情，在給瓦特的信中他說道：「如果不是有未完成的事業，我真的希望去另一個世界裡陪伴我那親愛的朋友。」

　　雖然同樣深感悲傷，但是和性格過於敏感、總會陷入傷感之中而無法自拔的瓦特相比，波爾頓顯然要更加理智，他很清楚，現在最應該做的不是沉浸於沒有任何益處的悲痛中折磨自己，而是應該收拾好心情，將悲痛化為工作的動力，做好眼前的事情，繼續在蒸汽機改良的道路上堅定前行。他給瓦特寫信鼓勵他，「鼓起勇氣，我親愛的朋友，前面還有更為重要的事情等著您去做，把您的一切投入進無限廣闊而偉大的事業中去吧，這樣才是對逝者最大的敬意」。

　　這感情是多麼的真摯啊，他們之間不僅是事業上的夥伴，而且還在精神上互相支持，這是更重要的。他們深刻領會到了生命的意義，身為朋友，他們也深深懂得應該以什麼樣的方式來表達對逝者的哀思。

斯莫爾博士是一位蘇格蘭人，他於西元 1734 年出生，曾在維吉尼亞的威廉斯堡大學擔任數學和物理學教授。湯瑪斯‧傑佛遜 [34] 就曾跟他學習。實際上，他的身體狀況從回英國時起就始終不好。1765 年 5 月 22 日，富蘭克林在給波爾頓寫的信裡向他推薦了斯莫爾：

請允許我向您推薦我的朋友威廉‧斯莫爾博士，當然，如果沒有確定他將可以與您開展愉快的合作，我也不會把他介紹給您。日後您一定會感謝我的，他是位品格高尚的物理學家，不僅在磁學和電學方面，而且在其他學科方面也擁有非常豐富的知識。總而言之，請相信我的話，用不了多久，您就會發現自己在事業上多了一位不可多得的搭檔。

斯莫爾自然是瓦特一生中關係最好的朋友之一。他的一生雖然不長，但是他的高貴品格，他對朋友的無私真誠，都在瓦特和波爾頓內心留下了不可磨滅的印記。波爾頓後來這樣寫道：「任何語言或方式都不能將我對這位親愛的朋友的永恆哀思表達萬分之一，我在他去世後不久就在花園裡豎起了一座石碑，並時常站在那裡，向他安息的那所教堂眺望。」達爾文博士在知道了斯莫爾病危的消息時也立刻從布魯塞爾趕回英國，陪著他走完了生命的最後歷程。

斯莫爾的哥哥羅伯特‧斯莫爾當時正在敦提，他生前的好

---

[34]　湯瑪斯‧傑佛遜（Thomas Jefferson），西元 1743 至 1826 年，美國第 3 任總統，《獨立宣言》的起草者之一。

友基爾在告訴羅伯特·斯莫爾他的弟弟逝世的消息時這樣寫道：「現在各地的人們都在哀悼著他，這是前人誰都未曾有過這樣的禮遇，但是他是絕對配得上這份榮耀的。我們都深切地愛著他，我們將永遠懷念他。」

　　瓦特在還不認識波爾頓的時候，曾和斯莫爾頻繁地書信往來，正是他積極地穿針引線，才最終促成這對偉大的合作搭檔走到一起。現在純粹歌頌友誼的文學作品，就像阿佛烈·丁尼生[35]的《悼念集》中收錄的他寫給摯友哈拉姆而表達了深厚情誼的組詩這樣的作品，很少很少了。對於斯莫爾的離世，瓦特顯然不能以一種理智豁達的心態去面對，就像波爾頓那樣，一直陪伴在好友身邊，陪著他走完生命中的最後時刻，這種親眼目睹好友離開的感受是別人體會不了的。

　　西元 1775 年，瓦特和波爾頓未來的工作方向由專利權的有效期能否順利延長決定。當然假如新的專利權法沒能在國會通過，波爾頓會立刻終止進行中的研究工作。況且他們之間直到現在還沒有訂立正式的合作協定。瓦特在格拉斯哥大學時的密友羅比森這個時期正在克隆斯塔特擔任海軍學院的數學教授，他承諾可以為瓦特安排一個職位，年薪 5,000 美元，這對於身處窘境的瓦特而言簡直是雪中送炭。這等美差對他的誘惑力自不必說，他可以從此過上富足的生活，再也不必依靠波爾頓。但

---

[35]　阿佛烈·丁尼生（Alfred Tennyson），西元 1809 至 1892 年，英國詩人。

是瓦特拒絕了，顯然，波爾頓的存在是讓他將這個大好機會放棄的唯一理由，他這樣解釋：「波爾頓是一位完全值得信賴的紳士，他始終給予我熱情的幫助，我現在一定要履行一個朋友應盡的責任。」在這裡，我們不得不表示對波爾頓的敬佩，他不僅是商業巨頭，在人格魅力方面他也堪稱典範。

西元 1775 年 2 月，國會開始就延長專利有效期的議案展開討論。一時間反對之聲四起，這項議案大大衝擊採礦業的利益，這個產業需要用發動機給礦井抽水，正翹首以盼能夠在不必支付專利費的條件下大量引入瓦特式蒸汽機。他們高呼著「反對壟斷」，這也引起了一部分人的強烈共鳴，著名的保守派政治家艾德蒙・伯克就曾為了布里斯托爾地區的礦業企業辯護。

經過一番激烈的爭論，西元 1775 年 5 月，新的專利法案最終通過，將專利權的有效期延長到了 24 年。這項法案發揮了促進技術發展的作用，發明者的利益得以進一步被保障。消除了後顧之憂的波爾頓和瓦特終於能放手大幹一場了，波爾頓不僅將羅巴克的 6,000 美元債務免除，除了專利收益外，還準備再支付給他 5,000 美元，在羅巴克的代理人請求下，他先行支付了 1,000 美元。現在的波爾頓可謂春風得意，新型的機器設備還有熟練的技術工人全部就位，接下來就是批量生產這種商用發動機，然後就可以等著利潤滾滾而來了。

不久，瓦特經過波爾頓的介紹結識了他事業上的另一位貴

人——約翰·威爾金森，這是英國當時手藝最出色的鐵匠，負責建造過第一艘鐵船，是鋼鐵造船領域的先驅，而且還曾在波爾頓的索荷製造廠製造出第一臺發動機。威爾金森為瓦特鑄造了一個鐵製的、直徑18英寸的汽缸，而且還發明了一種擁有特別高精度的新型鏜床，這種鏜床在製造蒸汽機汽缸的過程中發揮了關鍵的作用。這種鐵製汽缸很快就將在金內爾時就一直使用的錫錠製汽缸徹底取代，發動機的性能因此又有了大幅度的提升。瓦特已經經歷過的痛苦與挫折已經太多，現在所有的事情都開始變得完美，不少的生產廠家都不再賣紐科門蒸汽機了，礦山等企業也已經在準備暫停使用紐科門蒸汽機，並將之前的訂貨取消了，顯然，他們都對瓦特式蒸汽機的問世翹首以待。當工程即將完工時，有些急於求成的瓦特想要立刻就測試性能，而冷靜謹慎的波爾頓則延續了他一貫穩健的作風，堅持要把工作盡可能做得細緻，直至每一處可能存在的缺陷都已經改進。他對工人們這樣說道：「先生們，請以上帝的名義保證，你們將盡全力將這項工作完成。」這是多麼令人稱讚的態度啊！這就是要求工人們「確保之前萬無一失，然後才能開始接下來的工作」，瓦特同意了波爾頓的意見，當瓦特式蒸汽機以「完美的表現」宣告問世時，這條消息馬上就不脛而走。詢問的人和訂貨的人絡繹不絕。在這裡，我們不得不對波爾頓的精明和遠見表示欽佩，「苛求」品質讓他獲得了豐厚的回報。而那些急功近利的人的下場自然可想而知，所以我們在報紙上看到某礦區內有

30 臺發動機，但是只有 18 臺能夠正常運轉，也就不足為奇了。波爾頓寫信請瓦特轉告威爾金森，盡可能快地完成 12 臺汽缸的鑄造，他在信中說：「我打算每年製造 12 到 15 臺往復式發動機和 50 臺回轉式發動機，索荷製造廠今後的首要工作就是這個了，之前那些加工小裝飾品之類的業務都要暫時擱置。」

在當時，年產 65 臺發動機絕對是聞所未聞的事情，這個數字即使拿到現在也是相當可觀的。現在的紀錄屬於費城的一家公司，年產量 2,000 臺，不過這也沒什麼好炫耀的。與此形成鮮明對比的是，在瓦特他們 129 年後的今天，在一些國家，年產量還是只有當年瓦特他們那種水準的小型工廠還是多如牛毛，而且還有愈演愈烈的趨勢，怎樣才能有效限制這種惡性發展竟然到了不得不憂心解決的地步。

現在，一切都已步入正軌，長久以來籠罩在瓦特和波爾頓心頭的陰雲也已四散而去。但是任何剛剛投入市場的產品都不可避免地會遇到一些意想不到的問題。在長期的試驗測試過程中，不時會出現一些麻煩，讓這對早已躍躍欲試的搭檔措手不及，這讓他們或多或少覺得有些失望。缺乏熟練的技術工人是以前最讓他們頭痛的問題，雖然索荷製造廠裡手藝精湛的工人為數不少，但是隨著市場對新型發動機需求的大幅度增加，這一點人手已經遠遠不能滿足生產的要求了，緩慢的生產進度讓波爾頓和瓦特焦頭爛額。那時候還沒有出現滑架車床、龍門

刨床、鏜刀等這些設備工具，實際上，所有的精密加工設備都是後來才有的。所以，整個加工過程的精度，都是靠機械師的眼睛和手來保證的，那這就讓大部分的新手只能站在一邊喝茶了。波爾頓和瓦特迫於無奈，只得制定計畫，組織所有的工人進行精密加工強化培訓，這項措施的效果很好，但也花了很長的一段時間。與此同時，生產仍在繼續，但是因為缺乏統一的加工標準而出現了嚴重的問題。在那段時間，索荷製造廠負責的最重要的一項工程就是為倫敦地區的伯里煤礦生產一臺瓦特式發動機，這臺發動機完工後，將會在9月的時候裝船起運。波爾頓為此專門把索荷的機械專家約瑟夫‧哈里森派到了倫敦去，專門負責這項工程。期間，由於這臺發動機的性能始終不能令人滿意，瓦特和哈里森之間書信一直頻繁往來，哈里森告訴了瓦特每處可能存在的細節問題，然而還是沒有解決問題。無奈之下，瓦特只能在12月前往倫敦，在他的親自主持下，這臺發動機最終得以完工。

　　工程雖然最終還是完工了，但是這次經歷卻使哈里森陷入深深的憂慮與挫敗感之中，波爾頓只好給著名醫生福代斯博士寫信，請他幫忙將哈里森照顧好：「請盡心治療他，費用的問題不用考慮。」然而麻煩還遠沒有結束，不久，瓦特寫信告訴波爾頓哈里森暫時無法離開倫敦的消息，他沮喪地說：「那臺發動機的老毛病又出現了，這會讓我們索荷的聲譽嚴重受損。」波爾

頓前往倫敦向當時最偉大的工程師約翰‧斯米頓求助，請他幫助「診斷」那臺發動機，斯米頓仔細地檢查了那臺發動機後，認為它的毛病是有些「華而不實」，結構太複雜了，反倒影響了實用性。我們透過這件事情能看出工作中的瓦特是個追求完美的人，對於科學研究，這種精神自然是大有裨益的，但是在實踐中，有時卻有可能成為阻礙他成功的絆腳石，因為他的想法常常遠遠超越了當時的工藝水準。不過他也透過這次的嚴重問題清晰地意識到，他事業成功的關鍵，乃是找到大批可以勝任精密加工工作的一流技術工人。

在從倫敦離開之前，斯米頓曾給過一位準備出去喝酒的工程師一些錢，而那位工程師喝醉了以後，任由那臺發動機在無人看管的狀態下運轉，瓦特式蒸汽機結構複雜，需要工程師非常冷靜穩健地進行操作，結果可想而知：發生了非常嚴重的機械事故——汽缸閥門損壞了。瓦特只得組織工人大修，汽缸不得不更換了，那位醉酒誤事的工程師自然也遭到了解雇。實際上，當時那些操作發動機的工程師中有不少都是行為放蕩不羈的人，這讓瓦特十分苦惱。而今天情況就大不一樣了，工人們都是經過嚴格的挑選和培訓，特別是在美國，工作中如果出現懈怠放縱的行為，面臨的將是極為嚴厲的處罰。

索荷製造廠在修理從金內爾運來的那臺發動機的過程中，按照波爾頓提出的「精密機械製造」工藝標準，僱用了少數「經

過嚴格培訓完全可以勝任此項工作的工人」。這一舉措很快立竿見影，那臺發動機修復好後完全達到了預期要求，甚至更佳。而伯里煤礦的那臺發動機的運氣就沒那麼好了，就像前面說的，瓦特被它嚴重的問題傷透了腦筋，根本原因就是那項工程是由普通的工匠按照現有的「鍛造標準」來完成的。

　　針對倫敦的那次事故，瓦特後來也多方面地進行了分析思考，全部問題的矛頭最終都指向了一點，那就是製造複雜的瓦特式蒸汽機所必不可少的熟練技術工人，以及高精度的機械設備的缺乏。有一點是不可否認的，在某些方面瓦特式蒸汽機的確是超越了它所處的時代。如果當時能擁有現在的工藝技術水準和機械加工設備，那麼這就是一項非常完美的發明了，而且實施起來也會非常的順利。不過瓦特和波爾頓並沒有氣餒，他們堅定地相信自己努力的方向和方式是正確的，最終也一定會獲得成功，但是很快又有一件煩心的事找上門來。巨大的成功讓索荷製造廠的那些技術工人的身價水漲船高，數不清的工廠企業向他們拋出了橄欖枝，他們也想要另謀高就了，甚至有兩位曾被派去倫敦修理伯里那臺發動機的高級機械師也沒有抗拒得了巨大的誘惑，選擇去了俄國。瓦特在西元 1777 年 5 月 3 日寫給波爾頓的信裡也對這件事有所提及：「我已經聽說了一個驚人的祕密，卡爾斯和韋伯極有可能要遠赴海外，他們在那裡得到的是一份為期 6 年、年薪 5,000 美元的工作，而且現在正在抓

緊時間安排私人事務，還要索荷為他們向新東家作擔保（我簡直理解不了這年頭的法律），我們也不得不那麼做，哪怕卡爾斯只是個一無是處的酒鬼。」瓦特現在只能硬著頭皮推進新型發動機的生產工作，而且它的複雜程度要遠遠超出現有的標準，像卡爾斯那樣的優秀機械師嚴重流失也讓他十分困擾，實際上瓦特對卡爾斯的離開感到十分惋惜，也曾再三挽留。

那個時期可以說是各種考驗接踵而至。法國代理商想方設法賄賂了索荷製造廠派去巴黎的相關人員，從他們那裡弄到了瓦特式蒸汽機設計圖，還轉給了巴黎市塞納河汲水工程的承包人。德國政府懷著一樣的動機派了幾位代表來到英國，他們此行就是想弄清楚瓦特式發動機的祕密，弄到相關的圖紙，並將一部分的優秀技術工人挖走。他們計畫的第一步就是透過賄賂工人的辦法進入發動機的製造車間。這些事情斯邁爾斯先生曾十分肯定地提到過，以至於我們不得不相信他手中的確擁有確鑿的證據。

波爾頓和瓦特面臨的現實十分嚴峻，有不少人都在覬覦這項發明，這些人既有國內的，也有國外的。而此時（1773 年）的瓦特正處在人生的一個十字路口上：好友羅比森替他在俄國謀到了一個職位，年薪 5,000 美元，這誘惑力確實很大。波爾頓對此也很緊張，他在寫給瓦特的信中說道：「您可能遠赴俄國的消息讓我十分不安，身為朋友，我希望可以向您提出一些真誠的

建議，請您放心，我的話並不是出於一己私利，但我一定要將我最真實的感受告訴您，您的離開將讓我感到深深的遺憾。」

當時俄國的皇室對索荷製造廠有濃厚的興趣，而且俄國的女皇還曾在波爾頓的莊園中逗留過一段日子，倍感榮幸的波爾頓對他那位尊貴的客人是這樣描述的：「她是位高貴而又迷人的女士。」現在讓我們順便看一下這位迫切想得到瓦特式蒸汽機技術的俄國女皇都做了哪些事情，另外還可以對英國方面的措施給予些許關注。在英國的時候，這位俄國女皇就始終關注著索荷製造廠 —— 實際上平日裡工廠這種小地方極少可能引起威嚴無比的皇帝關注 —— 而英國國王還有他那位成為了德國皇帝的侄子自然也不能對此視而不見，嚴格限制了她在索荷的行程。而隨行的大公（俄國沙皇時代的皇位繼承人）的遭遇也和女皇完全一致，索荷製造廠拒絕讓他進入，倒不是拒絕他本人，而是英國方面認定他的某些隨從存在竊取發動機技術的嫌疑。由此可見，這項技術直接讓國家之間產生了嚴重的防範和猜忌現象。

除了那些企圖使用非法手段得到專利技術的人，瓦特還得妥善處理另一個十分棘手的問題。將少數潛力高的工程師派去別的地區，負責那裡的工人和已完工的發動機安裝調整作業，這是索荷的一般做法。透過持續地累積管理人員的經驗，更重要的是全面負責安裝調整當時複雜程度及精密性最高的瓦特式蒸汽機，他們會迅速嶄露頭角，成長為優秀的人才，隨著名氣

與日俱增，這些人也逐漸產生另謀高就的想法。精明的瓦特當然絕對不想看見自己手下傑出的工程師大量流失。他付給工程師們的薪水是遠遠超過他們預期的，也是非常具有市場競爭力的，這就好比如果你是一位騎手，你一定要熟悉並愛護你的坐騎，這樣牠才會有溫和順從的表現。大幅度加薪的策略讓工程師們對自己的工作更加地熱愛，看到自己製造安裝的發動機在礦山工廠發揮著關鍵作用，他們會對自己的工作感到無比的自豪。

《麥克・安德魯的讚美詩》對工程師對發動機的熱愛進行深情的歌頌，遺憾的是，現在可能只有作者吉卜林 [36] 能夠唱出這首歌了。吉卜林幸運地從母親那裡繼承了純粹的蘇格蘭血統。在乘船回國的路上，吉卜林凝視著發動機飛速旋轉而思緒萬千，低聲吟誦出了這首詩。

瓦特身邊的「麥克・安德魯」們同樣也對他們用自己的雙手製造的發動機有著深厚的感情，甚至我們能夠說，這種情感已經融進了工程師們的血液裡。企業管理者所迫切需求的正是大批這樣的工程師，他們熱愛工作，能力出眾，能夠將本職工作出色地完成，而這正是長期讓瓦特頭痛的難題。實際上，這個問題到現在也沒辦法好好解決，不過在政府和企業的共同努力下，傑出工人的群體正在逐步走向壯大。

---

[36] 約瑟夫・魯德亞德・吉卜林（Joseph Rudyard Kipling），西元 1865 至 1936 年，英國小說家、詩人。

　　與此同時，為了可以更好地適應市場的需求，瓦特決定接受斯米頓的意見，將發動機的結構進一步簡化。瓦特曾經提出過利用高壓蒸汽膨脹性的理想蒸汽機設計原則，後來的發動機都是以這一原則為基礎設計製造的，當然一個非常棘手的問題就成為無法避免的了，那就是它的製造加工要求，遠不是當時所能達到的工藝水準所能完成的。

　　不過瓦特並沒有放棄研究高壓蒸汽，在後來的工作中，他以一種更巧妙的設計對高壓蒸汽的膨脹性加以利用，但是考慮到這種研究已經遠不是當時的工藝條件所能實現的，這樣做的風險確實很大。但瓦特的積極探索，為發動機技術的發展打下了堅實的理論基礎，就像開爾文所說的：「今天出現的三脹式和四脹式發動機，都是以瓦特當年提出的成熟的設計思想為基礎發展而來的。」

第六章　遷居伯明罕

　　對於瓦特來說，遷居伯明罕是理所當然的，畢竟他的事業在那裡，差不多全部的時間都要待在那裡。當然，作出這個決定也需要克服很多的困難，他還要照顧兩個年幼的孩子。西元1776 年，瓦特回到了老家格里諾克續弦，又見到了多年未見的父親，從前那個睿智精明的老詹姆斯已經明顯蒼老多了，雖然他還沒有 75 歲，這讓瓦特覺得十分孤獨和傷感。

　　回到伯明罕之前，瓦特和麥格雷戈小姐結婚了，她是格拉斯哥一位名氣很大的染匠的女兒。這位染匠是英國第一位在生產實踐中應用氯氣漂白技術的人，瓦特和這項技術的發明者貝托萊 [37] 先生保持著長期的書信往來。

　　不過娶到麥格雷戈小姐的過程並不是一帆風順的，未來的岳父要瓦特將他與波爾頓之間的合夥契約出示給他看，然後才同意將女兒嫁給他。而實際上瓦特和波爾頓雖然之前商討過一份協議，但是始終都沒有形成正式的書面契約。無奈的瓦特只得寫信求助波爾頓，在信裡還簡單地列出了一些協議條款：

　　親愛的朋友，我們商定過的那份合約的詳細內容您可能已經記不清了，請允許我提起還能想起的一些條款：

　　1. 我（詹姆斯·瓦特，下同）將這項發明專利的 2/3 股份分給你（馬修·波爾頓，下同）。

　　2. 你負責支付 1775 年 6 月（本協議訂立之日）之前的試驗

---

[37]　克洛德·路易·貝托萊（Claude Louis Berthollet），西元 1748 至 1822 年，法國化學家，發現氯的漂白作用。

費用及由此產生的所有費用，包括今後的試驗費用，這部分資金作為你獲得專利股份應支付的費用，你沒有由此獲得任何收益的權利。

3. 此項發明專利的商業營運由你負責，你無權要求我參與與此項發明相關的任何形式的商業活動；你手中的股份為你的私人財產。

4. 我將獲得扣除工人薪資及生產成本之後利潤的 1/3，但帳目結算前應將結算之日的庫存扣除。

5. 繪製圖紙、指導生產及安裝測試工作由我負責，公司負責支付雙方由發動機相關事宜產生的一切差旅費。

6. 帳目由你負責保存，每年進行一次結算。

7. 本合約由雙方共同簽訂，所有條款雙方均享有平等的行使權力。

8. 雙方都需要履行對彼此的責任，若一方亡故或因別的原因不能繼續履行合作事宜，另一方將自動負責所有的合作事宜，無須取得其繼承人或者代理人的同意；但其繼承人或代理人擁有要求檢查公司帳目，並要求公司為其安排合理的職位或解決有關困難的權利。

9. 此項合約自 1775 年 6 月 1 日起生效，有效期為 25 年，儘管雙方正式確立合作關係之日稍遲於此日期。

10. 雙方財產繼承人及代理人在合約有效期內，都需要遵守此項合約。

11. 若合約有效期內雙方均亡故，雙方繼承人可以透過友好

協商，在達成共識的情況下，提前終止此項合約。

如果上述條款您有任何不滿意之處，請儘管提出，我將盡心對您提出的任何一處異議進行合理的修改，直到讓您滿意。

實際上瓦特考慮的有些多了，波爾頓的回信裡什麼異議都沒有提。而且基於上述的這些原則，這項合約也是不公開的。

瓦特急切盼望著波爾頓可以盡快地來格拉斯哥，如果他的這位合夥人在格拉斯哥的話，婚事的問題就容易多了。他已經順利博得了麥格雷戈小姐的芳心，可是一想到即將面對未來的岳父，就非常緊張。情急之下，他只能再次寫信求助波爾頓：

親愛的朋友，我真的擔心這次我會搞砸婚事，雖然我和麥格雷戈小姐是真心相愛的。或許您會認為格拉斯哥這邊的朋友們可以將這件事情順利地處理好，但是沒有人可以將我那位固執的岳父說服，當然我自己也是束手無策。在現在的這種情形下，我急需您的幫助。現在能幫我解圍只有您了，只有您能讓他確信我們之間的合作關係。

1776 年 7 月，足智多謀的波爾頓給瓦特寫了一封回信，措辭恰當地說明了他們之間的合夥關係，瓦特那位固執的岳父終於肯相信了，並答應把女兒嫁給瓦特。信的內容是這樣的：

雖然在我們的合夥關係中，您私人財產的具體價值是很難說出來的，但是我可以確定一點，那就是因為這項發明的 1/3 股份歸您所有，我非常願意支付您 2,000 或者 3,000 英鎊。但

是如果因為此項純粹涉及金錢的契約而將我們長久以來的友誼破壞，那將是我極為不想看到的事情，我衷心希望在未來 25 年內，我們都能夠保持長期的、愉快的合作關係，對於我來說，這一點比單獨管理我們的事業更加重要。

波爾頓在信中發自內心地表達了他無比珍視自己和瓦特的友情，他毫不猶豫地將第一位給了友誼，而不是合作事業，將心比心，換作誰與他合作，都會傾盡所有地為他付出。

西元 1776 年 7 月，瓦特和麥格雷戈小姐舉行了婚禮，婚後他們生有兩個孩子，但是都夭折了。瓦特的第二任妻子可以說是充分享受到了丈夫事業上的巨大成就，在西元 1832 年去世。阿拉戈曾經給予這位瓦特夫人高度的讚揚：「博學多才，意志力強，處事理性，是一位十分優秀的人生伴侶。」

有一點很難想像，我們中的有很多人都是和瓦特夫人同時代的人，瓦特於 86 年前的 1819 年逝世，還有一些和他同時代的人依然健在，不少事情彷彿就像是昨天發生的，瓦特將一把開啟工業時代大門的鑰匙留給了我們，後人接受他的饋贈，並沿著他開闢的道路繼續前行。

波爾頓回信告訴了瓦特，他被索荷製造廠的事務纏身兒不能動身去格拉斯哥。他們在倫敦地區的負責人也要打算結婚了，福瑟吉爾（波爾頓的合夥人之一）被迫趕往倫敦頂替他負責那邊的事務，當時另一位合夥人斯凱爾斯也沒在伯明罕，而正

巧也是那段時間，又有一批重要的客人要來索荷。

波爾頓在信中寫道：這段時間，我們一直被汽缸底部漏氣的問題困擾，我找人用整體鑄造的方法製造了一個新汽缸；鑑於發動機衝程在 10 英尺以內，為了能和以後採用的新型活塞尺寸相配，我準備適當地降低衝程。總而言之，現在索荷製造廠的發動機的工作狀況比以往哪個時候都令人滿意。布魯姆菲爾德和威利礦區的發動機都在正常運轉，之前始終擔心的伯里煤礦的發動機的運轉情況甚至要好於前面兩處的狀況。

他又繼續補充道：「我昨晚一宿沒睡，想的都是蒸汽冷凝器的事情，後來突然冒出來一個巧妙的想法，我們可以採用球型冷凝器，透過增加受熱面積的辦法來讓冷凝效果提高，這個辦法應該能夠有效。」

那段時間，另一個棘手的問題也在糾纏著波爾頓，副檢察長傳喚他去和牧師蓋恩斯伯勒辯論這項發明的所有權問題。他在信裡也發出了抱怨：「目前的情況真讓人煩心，特別是現在你也沒在我身邊，哈里森在倫敦，我感覺全工廠都閒了下來。」

西元 1776 年 7 月 28 日，瓦特在回信裡對長期滯留在老家向波爾頓道歉，並決定馬上起程去利物浦，他期待在那裡見到好友。但是瓦特到了利物浦卻撲了個空，因為波爾頓已經回倫敦處理生意上的事務了，他只收到了波爾頓的一封信，他的好友信裡這樣說：「先生，請不要為您的缺席給出任何解釋，我這

次就原諒您了，但您得保證，今後再也不結婚了。」

　　西元 1776 年 8 月，心滿意足的瓦特帶著新婚妻子回到了伯明罕，他此時已經決定定居在那裡了。當然他後來始終和老家格里諾克還有格拉斯哥的朋友們保持著密切的聯繫，無論走到什麼地方，他的心從來沒有遠離過故鄉，說話也始終有著濃重的蘇格拉鄉音；沒錯，我們確信，他一定會在心裡一次次吟誦這樣的詩句：

　　如果我忘記了你的名字，我親愛的故土和祖先，那將讓我們的名譽被玷汙，讓我們生活的火焰熄滅。

　　最近這些年，很多我們耳熟能詳的蘇格蘭名人 ── 史蒂文生、拉斯金 [38]、卡萊爾、密爾 [39]、格萊斯頓 [40] 等等，無不有了偉大的成就，但迄今為止，從沒有誰的工作可以為人類帶來改造世界的力量。

　　最終，我們夢想中的天才 ── 瓦特，如期而至。他將自己畢生的才智和心血都獻給了一項燦爛輝煌的事業，用他辛勤的工作，為我們開啟了一個時代的大門，一直到西元 1800 年和波爾頓的合作期滿後功成身退。身為一位偉大的工程師、發明家

---

[38]　約翰・拉斯金（John Ruskin），西元 1819 至 1900 年，英國作家、美術評論家。

[39]　約翰・史都華・密爾（John Stuart Mill），西元 1806 至 1873 年，英國改良主義經濟學家、哲學家。

[40]　威廉・尤爾特・格萊斯頓（William Ewart Gladstone），西元 1809 至 1898 年，英國政治家，曾以自由黨人的身分 4 次出任英國首相。

及發現者，憑藉他在索荷製造廠的成就，他是那個時代的佼佼者當之無愧。

當時在康沃爾及其他很多礦區，礦主們已經難以承受紐科門式發動機高昂的燃煤成本了。瓦特式發動機一經進入市場，立刻就受到了客戶們的廣泛青睞。俗話說：「好的開端是成功的一半」，瓦特對手頭的幾個訂單非常重視，決定親自來管理發動機的安裝調試工作。他和妻子一路顛簸地趕到了康沃爾，由於礦區附近方圓幾里的地方根本沒有住所，迫於無奈，他只能和煤礦的負責人住在一起。顯然，看見有人來和他們搶生意了，紐科門發動機的生產商和工程師態度十分不友好，而且總在干擾瓦特的工作，瓦特那本就敏感的神經始終被周圍充斥的強烈的嫉妒情緒考驗著。總而言之，他和妻子在康沃爾的那段時間過得很不愉快。

經過一番艱苦的努力，發動機終於安裝完畢，試車的那一天到來了，礦主、工程師以及很多各地趕來的礦業商人都來到了現場。當這臺發動機以每分鐘 18 個衝程的速度開始運轉時，人群很快就出現了騷動，那些圍觀的紳士們十分興奮、激動。發動機強大的動力及可靠的穩定性很快就展示出來，抽水的效率將普通的發動機遠遠甩在身後，而耗煤量卻只有後者的差不多 1/3。那些紳士們隨後在附近就餐，他們為這位神奇的蘇格蘭工程師三次舉杯，以此表示他們衷心的祝賀。

瓦特寫道：

今天新發動機試運現場來了很多國家的政界和商界名流。伴隨著震耳欲聾的轟鳴聲，這臺擁有龐大體積的發動機開始高速運轉，現場頓時沸騰起來，先生們都對這臺機器十分滿意，無論他們之前相不相信。為了讓機器更加平穩地運轉，降低噪音，我曾調試過一兩次，但負責操作它的威爾遜先生夜裡還是無法入睡，所以我只好讓一個機械工接替了那項工作；順便說一句，巨大的噪音其實正是它動力強大的表現，看起來，機器和人有些時候是一樣的，不怎麼謙虛。

新型的瓦特式發動機展現出巨大的能量，它能夠輕鬆地將礦井深處的水抽到地面，正是那位天才為我們揭示了蒸汽之中蘊藏著的神祕力量，它能按照我們的指令，讓人類在地球上的生活得到改變。從這個意義上來說，新型發動機推向市場後獲得的首次成功，是對瓦特夫婦在康沃爾礦區的長時間飽受精神折磨的最好補償。

讀者們可能也發現了，到現在為止，還沒有哪一位工人能夠獲得瓦特的信任，獨自負責安裝發動機的工作。發動機的發明者要親自負責每一臺的安裝調試，以確保萬無一失。這更表明瓦特在這項工作中發揮的作用是不可或缺的。

訂單源源不斷，瓦特必須盡快編制好安裝計畫，並將圖紙準備好，而且這項工作必須他來做。現在我們擁有經過嚴格培

訓的專業繪圖員和發動機安裝機械師已經是數以千計，可以說「瓦特」到處都是，當年的工作已經變得非常輕鬆了。

但是後來瓦特又遇到了一件煩心事，這件事幾乎把他折騰得筋疲力盡，他被告知要再次去康沃爾礦區，負責安裝第二臺發動機，我們這位「可憐的英雄」這時候已經有了心理陰影，陷入了福斯塔夫[41]式的情緒中，他不無自嘲地說：「我甚至都想像過，自己去了那裡後就會被撕成碎片，然後被扔進以色列的每一個部落。真的希望對於敵人（深井積水）來說，我的名字不是那麼嚇人。這段時間的運氣簡直糟得不能再糟了，每一樁恐怖的礦井透水事故都讓我撞見了，無一例外。想來，我們英國人總會有這樣的習慣，手頭要是有件什麼好東西，總會迫不及待地想要介紹給每一個人知道。我現在寧願腐朽而死，也不願在這裡受這個沒完沒了的罪，直至我的熱情被全部消磨殆盡。」

瓦特被迫又在康沃爾度過了一段痛苦的時光，他在雷德魯斯的「延唐礦」遇到了不少的麻煩，只能在給波爾頓寫的信裡發洩發洩：「這裡的任何東西都讓人看了就生氣，簡陋的排水管滿是洞，無時無刻都在漏水，之前為『延唐礦』鑄造的那個汽缸因為尺寸不合適，根本用不了。索荷製造廠也往這裡派了工程師。之前向礦主們作出的承諾根本沒有兌現，三番五次出現問題將對索荷在這一地區的聲譽造成嚴重的損害，我實在沒有顏

---

[41]　莎士比亞歷史劇《亨利四世》中的人物。

面繼續留在這裡了。」

對於我們現在的大型企業管理者們而言，要處理瓦特當時面臨的問題非常容易。知人善任是管理者必不可少的能力，但是瓦特卻恰恰不具備這方面的才幹，習慣什麼事情都親力親為，對手下們沒有基本的信任，這也讓他吃了不少苦頭，而實際上，那些優秀的工程師們只有在和他的合作中，才能迅速地進步。

當時瓦特還面臨著另一個十分棘手的問題。在他那位頭腦精明、商業眼光不凡的搭檔波爾頓的經營管理下，發動機的業務迅速擴展到其他很多地區，發展前景良好，但這時候資金卻出現了問題。眾所周知，無論什麼生意都需要資金支援，尤其是發動機生產這種成本高昂的生意，而之前長期的設計研發工作已經讓波爾頓大部分資金消耗殆盡。焦急的波爾頓寫信催促瓦特抓緊時間收回康沃爾的款項，而礦主們卻堅持要等發動機進一步的生產測試完成之後才肯交錢。為了確保發動機專案正常運轉下去，波爾頓被逼無奈，準備先從特魯羅銀行貸款，而瓦特卻不同意。他有他的顧慮，雖然礦區的發動機目前的運轉狀況還挺好，但是誰能保證它長期可靠？不過瓦特很快就想到了那位著名的鐵匠威爾金森先生，如果邀請他入夥，不就解決問題了嗎？他勸波爾頓盡可能地削減開支，並天真地向他做出保證：「我也正在盡全力節省任何一筆費用」。

在那個時期，瓦特每週只有 10 美元的生活費，顯然他為了履行自己的承諾，已經盡了最大努力了。但情況並沒有出現任何好轉，不過這至少表明波爾頓的想法擁有更強的可行性。這個時候瓦特已經表顯出來他性格裡的消極因素了，在整件事情中始終都表現得很悲觀，而另一位合夥人福瑟吉爾，甚至比他還沮喪。當波爾頓為了能夠順利度過危機而四處奔走時，福瑟吉爾卻急得像熱鍋上的螞蟻，每天都在寫信催他趕緊想辦法。波爾頓緊急趕回伯明罕後，馬上就去安慰福瑟吉爾，讓他保持鎮靜，並提出：「在這個最困難的時候，應該召集所有合夥人，大家同舟共濟，共度難關。」在這危急時刻，波爾頓站了出來，並展現出他那優秀的商業才能、非凡的勇氣與魄力、執著而堅定的信念，在這位偉大舵手的引領下，索荷這艘商業巨輪才得以避免傾覆的命運。當然，他的魄力很大程度上是來自於對瓦特式發動機的信任。波爾頓抵押了發動機專利還有自己的養老金，分別獲得了 70,000 美元和 35,000 美元的貸款，總共是 105,000 美元。這筆資金雖然不是很多，但也足夠讓他們渡過難關了。

就在波爾頓和瓦特陷入困境之時，英國也正在經歷著一場空前規模的金融大蕭條，在這個特殊的時期，信譽更顯得更加重要了。有時一點微小的收支差額都可能引發恐慌。正是因為信譽的良好，他們得以在市場一片蕭條之時，幸運地獲得了十

分珍貴的 70,000 美元銀行準備金。毫不誇張地說，在關鍵的時候，一分的信譽將會給他們帶來百分的回報。

　　紐約的一位經濟專家曾經這樣說過，對於一位商人來說，最嚴重的疾病就是所有人都對他的信譽表示質疑。同時他也為這類人開出了一劑良藥：「召集起你的債權人，將一切解釋清楚，並誠懇地請求他們給予支持。我肯定你一定會有所收穫，但千萬不要僅僅到此為止，請記住，一定要履行你的承諾。」那些聽從他勸告的人重新得到了債權人支持，生意很快就好轉。這種做法的確非常有道理，如果一家公司謹慎經營，沒有從事投機的買賣，沒有連環的債務，並且擁有殷實的生意基礎，債權人自然會給予長期堅定的支援，盡心盡力地為它的發展出謀劃策，因為他們的投資會得到豐厚的回報，而公司的掌舵人在面對暴風雨時，根本不必為「動力」不足而擔心。

　　毫無疑問，生性謹小慎微的瓦特對整件事情都非常吃驚，顯而易見的危機已經擺在眼前，而波爾頓卻對此根本是視若無睹的態度。不僅瓦特，另外的幾位合夥人也都感到無法理解。事實上，我們有一點可以確信，那就是任何人都沒有波爾頓更清楚當時的處境有多麼危險，但身為索荷的掌舵人，他深深地知道，自己應該做的絕對不是在夥伴們面前表現得恐懼焦急，而是冷靜地分析出危險所在，並拿出勇氣去戰勝它們。一位偉大的領導者應該擅長對他們的夥伴們進行激勵，為他們帶去藐

視任何困難的勇氣，雖然他是對危險看得最清楚的人。這一點波爾頓做到了，在夥伴們面前，他表現出了不屈不撓的意志，表現出了決一死戰的勇氣，他差不多將自己的全部身家性命都押在了這項事業上。

「一旦我們失敗了，那麼……」謹小慎微的瓦特總在這樣提醒他的朋友，就像馬克白[42]總對他那位態度堅決的夥伴說的那樣，他們得到的回答也是出奇的一致，都是那句簡短而淡定的「那就失敗了吧」。而這就是一切。「我們不會因為被打倒而不再戰鬥，我們要勇敢地站起來，絕不畏懼，在我們的字典裡不存在失敗這個詞。」

一些之前沒有得到重視的條款，在新型發動機推向市場後的一段時間，給波爾頓和瓦特帶來了大麻煩。新式發動機憑藉其強大的動力、運轉的穩定、消耗的燃料低等巨大的優勢迅速搶占了市場，它能為礦主們節省 2/3 的燃料消耗，這讓很多之前因為燃煤費用高昂而已經廢棄、不再生產的煤礦又重開始運營了。

事情本來進展得很順利，根據與最早的幾家客戶簽訂的協定，波爾頓和瓦特負責指定發動機零件生產商，並給他們提供相關的圖紙。因為瓦特式發動機和紐科門發動機相比能夠為礦區節省 1/3 的燃煤成本，所以波爾頓和瓦特的酬金採用專利權使

---

[42] 莎士比亞悲劇《馬克白》的主角。

用費的方式支付，這也成為當時發動機生意的通用交易形式。但是伯里煤礦的礦主卻拒絕了這項條款，雙方始終爭執不下。瓦特因此痛下決心，今後發動機的生產安裝流程，一定要完全依照制定好的條款進行，否則他將不再將圖紙提供給生產商。他寫道：「我們應該制定對雙方利益都能兼顧的協議條款，如果可能的話，那些礦主們應該提高一下給我們的報酬，事實上，我確信我們多獲得些報酬的理由是完全充分的，那些人也該對我們現在的處境表示理解，至少別讓我們被關進監獄。」

請注意一點，當時的法律裡債務關押的相關條款還沒有廢除，針對這一問題，今天破產仲裁法庭的出現就是時代最重大的進步之一，通過一些仁慈的法律條款，當債務人確已無力償還債務時，破產法庭將宣布債務人破產，雙方的債務關係從此解除，債務人透過這種方式可以有重新開始的機會。

處理伯里煤礦糾紛的結果充分顯示了瓦特的智慧。礦主同意繼續買瓦特式發動機，雙方的發動機買賣完全按照之前通用的交易形式進行，只是還得進一步商討下酬金的具體數額，瓦特從來就對沒完沒了地討價還價非常厭惡，所以堅持要讓波爾頓親自出馬來處理康沃爾的事情。

期間，波爾頓和瓦特不得不向他們的工人組織 —— 索荷互助會投入了大量的精力。為工人建立起這種公益組織的企業，索荷製造廠是第一家，每位工人都要加入，並按照各自的薪資

比例捐出一筆錢，這項基金用來支付工人們的疾病或工傷的醫療費用。早期索荷的工人互助會裡只有一些經常無事生非的酒鬼。到波爾頓的兒子成年時，那個組織已經發展到擁有 700 多位成員，但是期間沒有驅逐一個行為不端的人，往往是父親介紹兒子進工廠，然後負責管理照看他們，教給他們手藝。於是一種奇特的現象出現了，那就是一個家族的幾代人都工作在索荷製造廠。

瓦特當時正在康沃爾，波爾頓在寫給他的信中提到：「今天我在索荷舉行了一場宴會，以此表達我們對幾位傑出的下屬的敬意，出席宴會的有威廉‧默多克、勞森、皮爾森、珀金斯、瑪律科姆、羅伯特‧繆爾、約翰‧布林、威爾遜還有我自己，現在發動機已經完工，這些先生們的工作都非常優秀，而且對我們十分忠誠。」

於是，這場原本普通的宴會由於 6 位蘇格蘭人、2 位英格蘭人以及他們老闆的出席，而被賦予了特殊的意義。有一點是可以肯定的，那就是在當時這種事情是非常罕見的，但波爾頓傑出的領導才能也因此突顯出來。這場宴會同時也表明了，當時英國北方人的「入侵」已經開始了，查理斯‧迪爾克在《大英國》中描述道，他在英語國家的旅行經歷中發現，高職位人群裡蘇格蘭人和英格蘭人的比例高達 10：1，這種現象正好反映出當時大批蘇格蘭人被迫離開家鄉尋求發展的社會背景。

舉辦宴會這件事上就可以看出波爾頓有多麼的精明，這遠比加薪更能贏得下屬們的忠誠與信賴，因為優秀的工人絕不會只把眼光放在薪水上面，他們更希望得到的，是老闆的尊重與讚揚。

瓦特之前在卡倫煉鐵廠的時候，曾被加工設備落後及工人手藝粗糙困擾了好長的時間，直到和波爾頓合夥，有了索荷製造廠先進的設備以及工人熟練的技術配合，他的事業才得以飛速進展。所以他對蘇格蘭地區的工匠沒什麼好印象，而且還都帶有偏見。但是默多克的到來讓瓦特改變了看法，他是索荷製造廠第一位蘇格蘭工人，而且迅速展現出了優秀的手藝，得到了波爾頓和瓦特的信任。實際上，在蒸汽機的早期研製過程中，蘇格蘭工匠就已經表現出了他們傑出的才華，而且在這項事業上他們肯定是要作出卓越的貢獻。

斯莫爾無法理解為何索荷製造廠大量僱用其他地區的人，波爾頓在回信的最後一句裡，為好友解釋了這些問題，「他們都是對我們忠誠的工人」。工廠的秩序良好，不存在停工或罷工的危險，工人們嚴格遵守波爾頓和瓦特制定的規章制度，所有的一切都表示工人們對他們的老闆是忠誠的。在雇主與雇員之間建立起良好的信任及相互依附的關係，是醫治所有問題的萬能藥。

在瓦特的再三催促下，波爾頓終於於西元 1778 年 10 月決定起程去康沃爾，儘管當時他們在倫敦的代理商福瑟吉爾又遭

遇到了非常嚴重的資金問題，並一再懇求他前往處理。波爾頓順利地從特魯羅銀行獲得了 10,000 美元的貸款，倫敦地區那兩臺發動機的安裝問題得以解決，波爾頓還和那邊的客戶就之前幾個存在爭議的問題達成了共識，並分別拿到了每年 3,500 美元和 2,000 美元的專利權使用費。從獲得發動機專利時開始算，波爾頓和瓦特經過 9 年的艱苦奮鬥，終於迎來了收穫的季節，然而波爾頓的資金也差不多快被掏空了，他們被沉重的債務負擔壓得幾乎喘不過氣來，發動機這種大型項目的資金消耗，實際上誰都承受不起。

而且瓦特也被那些負責安裝發動機的工人們折磨得頭痛不已，忍無可忍的他建議波爾頓採取嚴厲措施，將幾個嗜酒如命的傢伙開除。但是波爾頓卻不動聲色，泰然處之，因為他十分明白，酗酒的工人絕不是只有幾個，雖然他們也的確導致了幾次嚴重的事故，然而企業根本離不開他們。兩位得力助手最終進入了波爾頓的視線，他們都可以獨當一面，一位就是前面提到過的默多克，另一位的名字是羅爾。默多克來到索荷求職時，瓦特恰好在康沃爾，擁有高超的識人本領的波爾頓錄用了他。這位蘇格蘭年輕人的父親是艾爾郡附近一位有名的磨坊機匠，他長大後就始終跟著父親做生意，當時，新型發動機早已聲名在外，默多克也是久聞波爾頓和瓦特的大名，於是雄心勃勃的他準備去索荷學一手最好的手藝。但是在他見到波爾頓

時，卻得知已經沒有職位了，這位緊張的年輕人不停地用手指頭捲著帽檐，波爾頓的目光被那頂奇特的帽子吸引住了，就詢問它是什麼材料的，默多克答道：「木材，先生。」「什麼，木材？」波爾頓十分驚訝，「但是它又是怎麼做的呢？」默多克答道：「我用自己製造的車床車出來的，先生。」波爾頓頓時眼前一亮，這頂帽子已經足可以讓他得出結論，眼前的這位年輕人絕對是個天生的機械師，於是他毫不遲疑地和他簽訂了一份為期兩年的合約，薪水按照工作地點而定，在索荷的時候是每週 15 先令，派往外地的時候是每週 17 先令，去倫敦的話是每週 18 先令。波爾頓的判斷很準確，默多克憑藉出眾的能力和對企業的絕對忠誠迅速成為索荷製造廠的骨幹。默多克擁有極高的工作熱情，一項艱巨的安裝工作一旦由他接手，為了確保發動機能夠正常運轉，他會夜以繼日地工作，從來都不知疲倦。有一次發生了一臺機器夜裡突然停車的事故，熟睡中的默多克被人叫醒後，就在深夜裡開始忙碌起來，一直忙到天亮了，終於排除了故障，他興奮得大叫著：「現在它又轉起來了，先生們，它又轉起來了。」一句話概括，他將全部的精力都投入了工作當中，他的信念只有一個，那就是讓每臺發動機都正常運轉。

「精誠所至，金石為開」，這個世界上，沒有什麼東西可以阻擋這樣一個心懷夢想的人前行，默多克獲得了成功，不僅是因為他擁有滿腔的熱情，更重要的是他擁有的能力和毅力，很

快，之前曾令瓦特「苦不堪言」的那些康沃爾礦主和工程師們就被他「征服」了，都非常地信任他。他不僅對處理機械故障精通，而且還擅長管理工人。默多克一開始不得不動用武力來解決問題，曾經是一名運動員的他擁有強健的身體和充沛的精力。剛來到康沃爾沒多久，他就遇到了這樣的事：工作室裡，6 位礦業經理正跟一向態度謙和謹小慎微的瓦特無理取鬧，態度還很粗魯，這個蘇格蘭年輕人當時就熱血上湧，他平靜地走了進去，鎖上了門，對那幾位礦主說：「先生們，看來事情解決之前，你們是不能離開這裡了。」話說完，他就和對面最強壯的一個康沃爾人動起手來，兩三下間就撂倒了那人，那群人當時就被鎮住了，同時他們也很敬佩默多克的仗義之舉，於是雙方握手言和，而且後來還成了關係不錯的朋友。現在我們已經走過了那個粗魯的年代，企業管理者們都是有修養的人士，都接受過良好的教育，紳士之間解決問題，自然是不會用武力的。

　　我們一定要再次強調，在機械設計製造領域，默多克同樣具有極高的天賦。他發明了煤氣燈，並且製造出了第一臺蒸汽發動機車模型。默多克自從加入索荷後一直都是兢兢業業的，他負責的發動機從來沒有發生過事故，也從未有過一點紕漏，但是有一點令人吃驚，那就是這樣一位優秀的工程師，他的薪資甚至在西元 1780 年也只有每週 5 美元。那時默多克曾心情忐忑地請求加薪，但是這個並不過分的請求並沒有得到批准。不

過索荷製造廠特別獎勵給他 100 美元，作為對他出色的工作業績的肯定。事實上，默多克的加薪失敗，很可能和索荷當時的營運狀況有關，當時新型發動機剛剛投入市場沒多久，還沒有徹底將前期投入的巨額成本收回，瓦特和波爾頓根本沒有給工人們漲薪水，哪怕是像默多克這樣優秀的屬下。不過默多克還是那樣的忠誠，儘管別的企業給他開出了相當優厚的待遇，當時他也根本不為所動。當然在索荷度過難關之後，他也得到了應有的獎勵。瓦特曾在信中多次談到他的這位屬下：「威廉是最讓我放心的人。」

　　長年和那些粗魯的礦主們無休止地討價還價，最終還是讓心力交瘁的瓦特病倒了。西元 1779 年秋，波爾頓不得不再次去了康沃爾，到那之後他馬上就提出了一系列折衷方案，和那些貪婪的礦主們達成了協定，一批長期爭執不下的問題得以順利解決，而瓦特處理問題就明顯不夠圓融，那些方案之前都是他嚴詞拒絕了的。康沃爾有不少礦主幾年來始終沒有支付專利使用費，還有不少人不同意登記燃料消耗，按照前面提到過的發動機生意通用交易方式，礦主們節省燃料成本的 1/3 得給瓦特和波爾頓，所以瓦特才想要透過登記燃料消耗的辦法對付那些試圖逃避這筆費用的礦主。他曾在信裡跟波爾頓抱怨：「那些人壓根就是一群流氓無賴，他們的做法簡直讓人無法相信，我還從來沒有像現在這麼沮喪和憤怒過。」最了解自己的就是自己，一

句話概括，瓦特那憂鬱而過度敏感的性格並不適合從事商業活動，他去處理生意上的事務時就明顯沒什麼自信，而且一遇到挫折就很容易陷入沮喪氣餒。在這個時期，波爾頓和瓦特的事業還是沒能走出困境，而且更雪上加霜的，倫敦的合夥人福瑟吉爾的生意又遭遇了大問題，波爾頓和福瑟吉爾公司在資金和信用上都遠遠不如索荷，很快就陷入了營運資金匱乏的困境。波爾頓為了應急，決定將部分固定資產變賣，這裡面有妻子的嫁妝以及父親留下的大部分財產。這種做法自然有很大的風險，不過既然這位從來都是深謀遠慮的索荷掌舵人敢這樣做，就說明事態的發展都在他的掌控當中，或許他不過是還沒聽說過這句格言：「將你的雞蛋都放在一個籃子裡，然後給予它們精心的呵護它。」

　　事實上，波爾頓的策略和美國獨立戰爭期間的海上封鎖政策是異曲同工的，雖然需要承擔的風險相當大，但是收益卻是驚人的。不過這時候他那位生性謹小慎微的朋友卻坐不住了，充滿了恐慌和憂慮情緒的信件如雪片般從康沃爾飛向索荷：「親愛的朋友，資金的問題我請求你再認真考慮一下，我這段時間總被這件事情折騰得徹夜不眠。」我們應該對瓦特的不安和焦慮予以理解，畢竟他在商場上的經驗，根本無法和老謀深算的波爾頓相提並論。那個時期，瓦特的神經幾乎都要崩潰了，幸虧他的身邊有一向沉穩樂觀的妻子陪伴他、安慰他，這讓他的恐

懼與憂慮有了些許的緩解，但是到了最後，瓦特夫人也沉不住氣了，也有些焦慮了，之前她從來沒有和波爾頓正面談論過這件事，這時也主動打破了沉默，寫了一封言辭懇切的信給他，告訴波爾頓，自從他趕去倫敦處理那邊的危機之後，瓦特的身體和精神狀況變得十分糟糕。她說：「我非常清楚，他那過度敏感而脆弱的神經已經被最近的幾場危機折磨得快要崩潰了，這種情緒始終在他的腦海裡縈繞，他現在真的太需要一段好好休息的時間了。」瓦特夫人透過真摯的文字，將丈夫受到的打擊的嚴重程度描述給了波爾頓，並再三請求他不要告訴丈夫她寫過信給他，她明白不管怎樣，都不能再增加丈夫的煩惱了。寥寥數語就讓我們看到了一位溫柔體貼的偉大妻子的形象。

　　從倫敦回到索荷後，波爾頓決定將那些已經無利可圖的業務徹底放棄，所有的資金和人員都集中到市場前景一片大好的發動機事務上來。當時索荷甚至還接到了不少國外來的訂單，毫無疑問，這項決定是非常明智的，它能夠最大限度地節約成本，並將高利潤項目的價值挖掘出來。西元 1778 年，在波爾頓的鼓勵和資金支持下，瓦特發明了拷貝機，這種使用方便的工具一直沿用到現在。這一年的 7 月，他在寫給布萊克博士的信裡提及這項研究：「最近我發明了一種可以快速拷貝字跡的工具，它能夠用來拷貝 24 小時之內書寫的字跡。我過段時間會給您寄去一臺，再詳細地介紹一下它的設計原理以及使用方法，

希望在您那裡它能派上用場。我平時總用它來拷貝商業信件。」隨後的兩年，瓦特的這項發明始終祕而不宣，而持續加以試驗改進，後來又用墨水字跡完成了測試，直到西元 1780 年 5 月，才申請了拷貝機的專利。這種機器後來一共生產了 150 臺，其中銷往海外 30 臺。瓦特 30 年後談到這項小發明這樣寫道：「拷貝機是一種十分實用的工具，它值得我克服困難去研究、去改進，即使這項發明並沒有給我帶來多少的利潤。」

　　人們一談起瓦特，自然就會聯想到蒸汽機。但是拷貝機也應當獲得應有的地位。誠然，拷貝機在當時的生產數量和應用範圍上，確實沒法和蒸汽機的高度比，但作為一項擁有極強實用性的發明，它同樣在生產生活中發揮了不可替代的作用，這當然也是瓦特的功勞。

　　後來，瓦特又發明了一種裝有 3 臺銅質汽缸的烘乾機，他將兩個木質滾筒安裝在充滿高壓蒸汽的汽缸下方，使用時需要把衣物搭在滾筒上，轉動著的滾筒依次從 3 臺汽缸下方通過，以此來烘乾衣物。約翰・加德納先生為瓦特遠在格拉斯哥的岳父麥格雷戈先生安裝了一臺這樣的烘乾機，瓦特早年的時候也總會僱用這位頭腦靈活的工匠。西元 1814 年，他在寫給大衛・布儒斯特 [43] 的信裡說：「我覺得它是一項創造性的工作。」這種蒸汽烘乾機和前面提到的拷貝機一樣，擁有極強的實用性，直

---

[43]　大衛・布儒斯特（David Brewster），西元 1781 至 1868 年，英國物理學家。

到今天仍然有廣泛的應用。

西元 1781 年，瓦特又去了康沃爾礦區，檢查那裡的發動機運轉狀況。一向追求完美的他又發現了不少不盡如人意的地方。在那段時間，他開始了對「公路蒸汽機車」的痴迷，設想用蒸汽代替畜力，來實現驅動車輛行駛的目的，研究各種設計方案來一研究就是一整夜，後來的一份專利申請說明書裡也提到了這些想法。同年，為了進一步打開市場，波爾頓寫信和瓦特說應該著手研究旋轉式發動機。實際上瓦特起初就覺得這個研究方向前途遠大。正是以這個想法為基礎，他發明了最早的輪式發動機，他在 1769 年獲得的首項專利中描述了與此相關的思路。雖然他有康沃爾的事務纏身，但波爾頓的一番鼓動很快就把瓦特的熱情調動起來了，而且他也曾利用普通的單動式發動機進行過旋轉運動的試驗，他在回信裡和好友承諾：「我會抓緊時間將蒸汽機的直線往復運動轉化為圓周運動。」後來回到索荷製造廠時，瓦特隨身帶著一套模型，這套裝置採用了曲柄傳動的方法，效果很滿意。實際上曲柄傳動並不新鮮，當時很多設備，比如手工紡車、腳踏式車床、碾磨機等等都會用到它，但還是第一次用在蒸汽機上。其實瓦特早在西元 1771 年，就開始研究曲柄傳動，他在日記裡寫道：

那時，我偶然想出了一個實現圓周運動的好辦法，將曲柄連接在發動機工作杆上，就可以完美地實現這種運動。於是，

我立刻就做了一套模型，效果也相當滿意。不過那時生意上突然出了不少的事情，我就把立即申請專利的事情忘了，就是這個一時的疏忽，後來給我帶來了很大的麻煩。我製造那套模型的時候雇用了一個叫卡特賴特的人，後來才了解到那是個品行糟糕的傢伙，而且他還有幾個朋友，當時工作於沃斯布拉夫的磨坊裡，當然那群人也都是和他臭味相投的小人，他們總抱怨磨坊裡的發動機工作運轉非常不穩定，總出事故，於是卡特賴特那傢伙就跟他們說了在我那裡看到的曲柄傳動裝置。不久那間磨坊的工程師約翰・斯蒂德就申請了曲柄傳動裝置的專利，並在他們的發動機上用了。

由於卡特賴特的背叛，瓦特現在無法採用曲柄傳動的方案了。這時沃斯布拉夫找到瓦特提出合作，但是條件是要分享瓦特此前的分離式冷凝器專利，結果瓦特對此嗤嗤之以鼻，直接就給拒絕了：

雖然我不能跟諸多品德高尚的先賢們相比，但是我的自尊心也絕不會允許我有如此卑劣的行徑。我永遠都不會卑賤地從一個小偷那裡乞求本來是屬於我的東西。

瓦特決定另闢蹊徑，以避開沃斯布拉夫的糾纏，西元1781年7月，他宣布：「為了實現將發動機的直線往復運動轉化為持續的圍繞一條軸或以一點為中心的圓周運動，我已經設計了多種新方案，而且這些設計方案完全能夠用在碾磨機或別的機器上」。

瓦特發現，「倫敦、曼徹斯特還有伯明罕地區的人正在追捧蒸汽碾磨機，簡直有些狂熱了」，而且眾多磨坊主也很期待這種發動機盡快問世，所以他決定馬上開展旋轉式引擎的研製工作。

　　資金方面的長期匱乏，技術差勁、酗酒誤事的工人們以及康沃爾礦主們的百般刁難，這些都無法阻擋瓦特實現理想的腳步，也許支持他度過那些艱苦歲月的，只有那顆不知疲倦、時刻都在追求完美的心，每完成一個滿意的設計，都會給他帶來無限的激情。

　　我們可能無法想像，多年來，幾乎被龐大而艱巨的改良蒸汽機事業壓得喘不過氣來的瓦特，即便如此，他依然在很有限的閒暇時間裡對小發明樂此不疲，就像疲憊不堪的學生突然發現了一本引人入勝的小說。他的大腦彷彿從來不曾休息，在書信往來中他頻繁地將一項又一項激動人心的發明介紹給他的朋友們——新型千分尺、分度絲杆、繪圖器、雕刻拷貝機以及一種新型象限儀，可以透過折射角及視差來精確計算月球與恆星之間的距離。總之，對於任何一件進入視線的東西，他都會立刻問自己，「這個再改進一下行不行呢？」顯然，答案往往是肯定的。

　　瓦特也曾長期地研究蒸汽機車，這一點米爾黑德在他的自傳的第 7 章描述瓦特在西元 1784 年取得的那項專利時也提到了：「最新進展，為更有效地搭載人員、貨物或別的物品，新型車輛

將可能由蒸汽機來驅動，當然，這種安裝在車輛上的發動機一定要是小巧輕便的。」默多克曾製造過一臺蒸汽發動機車模型，但是令人遺憾的是，直到 1802 年才引起重視，而這還得對埃奇沃思先生表示感謝，他在寫給瓦特的信裡提出蒸汽機車的前途將一片大好：「我始終覺得，蒸汽將成為一種通用動力，畜力沒多久就會被淘汰。鐵路運輸成本要低於公路運輸成本。」一句話，這就是最早的建設鐵路系統的思想。埃奇沃斯在發展蒸汽動力機車方面做出了不朽的貢獻，他是第三位提出這個偉大設想的人。

因為瓦特式蒸汽機已經被成功應用在汽船上用來進行海陸運輸，那麼它在路況平穩的鐵路運輸中也必將大顯身手。而蒸汽動力的機車出現，自然會對路況的要求更高，但是當時的路況只能滿足每小時 8 到 10 公里的速度，所以修建新型公路或將現有的公路拓寬勢在必行，好滿足 20 公里甚至更高時速的要求。

瓦特對油燈也有過濃厚的興趣，當年的油燈不僅亮度低，而且燃燒效率極差，擁有強烈的好奇心而且事事追求完美的他，自然不會對這件整日在眼前晃的「醜陋的傢伙」視而不見。很快他就研製了一種管狀燈芯的油燈，而且還給它加上了燈罩，這種燈無論是火苗穩定性還是亮度在當時都可以說是首屈一指的，後來曾由索荷製造廠曾長期大量地生產。他共設計出

了 4 種「燈座內注滿燃料而且能夠隨意調節燈芯長度」的方案。瓦特還發明了一種測量液體比重的儀器，一年後，他又發明了一種管狀比重計，它是用具有彈性的不溶性樹脂製造的，這種儀器廣泛應用在很多學科的研究中。

計算機對興趣廣泛的瓦特同樣吸引力巨大，它能夠大幅降低人工計算量。遺憾的是因為技術條件的限制以及時代的局限性，瓦特「憑經驗」地探索，沒能在這條路上走多遠。

直到很多年以後，巴貝奇 [44] 才設計出世界上第一臺計算器。退休後，瓦特還十分喜歡擺弄他發明的那種雕刻拷貝機，並用它複製過一件精美的雕塑，只是沒能夠全部完成。

瓦特在機械和土木工程領域的實踐經驗豐富。西元 1811年，一條穿越克萊德河的輸水管道因為汙泥和流沙堵塞嚴重，變得十分狹窄，還坑窪不平，根本承受不了大流量水體的衝擊了。格拉斯哥大學的教授們對此也是束手無策，於是想到了求助於他們那位天才朋友，如果他都不行，那還有誰行？而且解決這種事情也正合他的胃口。

瓦特沒多久就設計出了方案，透過安裝一段 1,000 英尺長的帶有球窩連接構造的鑄鐵管道將這個難題解決。每當提到這件事，他總是謙虛地說自己不過是受邀幫了朋友一個忙而已，但

---

[44] 查爾斯‧巴貝奇（Charles Babbage），西元 1791 至 1871 年，英國數學家、哲學家、機械師。

是這不僅將長期困擾格拉斯哥市民的用水問題解決，而且還大大地促進了工商業的繁榮。這件事情讓他在當地贏得了極好的口碑。

可能很多讀者並不了解，瓦特當時也對蒸汽機排出的大量煙塵予以關注，他注意力廣泛而且善於思考的個性透過這件事彰顯無遺。為了避免煙幕籠罩城市，瓦特設計出了一套用來控制煙塵大量排放的裝置，並申請了專利。這項發明在實踐中取得的效果不錯，西元 1790 年，遠在曼徹斯特的兒子小詹姆斯·瓦特也寫信祝賀父親：

真的特別令人吃驚，現在我住的地方周圍的人們，都在談論您發明的那套神奇的除塵設備，他們簡直不敢相信自己的眼睛。您真應該到我這裡來，聽聽那些人是怎樣說的。

不過，您的想法好是好，引入此項技術能夠將製造業產生的大量煙塵處理掉，但是有一個前提，那就是那些廠商們得遵守法律，並且願意為安裝除塵設備投資，不過據我所知，沒有哪座城市能夠徹底執行上述有效措施。而且現在整體來看，在大城市中居民生活產生的煙塵要遠遠多於製造業產生的。例如，為了將煙塵消除，紐約採取了單一治理製造業的措施，但和世界上很多大都市一樣，那裡的居民煤炭消耗量十分驚人，而且有不少人都在非法使用生煤。居民燃煤消耗占城市總消耗量的比例在過去 10 年中已經迅速攀升到 45%，顯然現在只將目光停留在製造業上是無法將問題解決的。隨著技術不斷進步，

可能未來的某一天人們能夠將煙塵徹底消滅，不過眼下為了躲避刺鼻的煙塵，很多富人們就被迫盡可能地將自己關在家裡了。

上面這些都是瓦特的「副業」，不過他就是這樣一個閒不住的人，對於他而言，生活的最大樂趣，就是不斷轉換角色和興趣。他沒有閒暇，沒有旅行，也沒有假期，他有的只是不斷變換的工作。

後來康沃爾發生的幾件事令瓦特感到非常不安和惱火。那裡有幾個工程師稍加改動瓦特式發動機，就宣稱自己有了新發明，還拒不承認自己這是侵犯了瓦特的專利。無奈的他不得不在調查這件事情上花去了大部分的時間。當時瓦特正在研究一種雙汽缸發動機，利用熱空氣的膨脹力，先讓高壓蒸汽進入第一級汽缸做功，然後進入第二級汽缸膨脹冷凝，而且利用這一原理的全部設計方案他當時都已經想到了。

就在這個時候，霍恩布洛爾發動機出來對瓦特式發動機發動挑戰了，提起這項「發明」，瓦特就怒不可遏：「它和索荷的雙汽缸發動機如出一轍，利用的也是我們的膨脹式工作原理，我 14 年前就和斯米頓先生提過這個方案。」而且早在西元 1769 年 3 月他在給斯莫爾博士的信中，就給出過這種利用蒸汽膨脹力方案的詳細解釋，並且當年就在索荷及沙德韋爾生產的發動機上應用了。

實際上，這種情況並不稀奇，瓦特之前就曾暫時放棄過一些對工藝技術要求太高且風險過大的設計方案，而且還不止一次。

　　西元 1788 年，人們如火如荼地展開汽船的研究，自然也有不少人慫恿波爾頓和瓦特參與進來，但是這次他們拒絕了，他們很明白，自己必須要把手中一流的設備和優秀的技術工人用在優勢項目上。最終，富爾敦 [45] 在 1803 年 8 月 6 日獨立製造出了第一艘試驗汽船，並在第二年親自進行了反覆測試。1805 年初，他把設備還有圖紙運往美國，1807 年在紐約建成了「克萊蒙特」號，並在哈得遜河上進行了客運試航，測試的速度達到了差不多每小時 5 公里。這艘船就是近代造船史上第一艘真正的汽船，雖然富爾敦既沒有發明帆船也沒有發明發動機，他也不是第一個把這兩者結合到一起的人，但是他克服了無數的困難，可以說開創了造船史的新紀元，他的「克萊蒙特」號象徵著帆船時代畫上了句號，帶領人類駛入了汽船時代。富爾敦是一位來自鄧弗里斯的蘇格蘭人的兒子，曾參觀過威廉・森明頓「夏洛特・鄧達斯」號，這艘船是在 1801 年建造的，是第一艘由蒸汽動力驅動的船隻，曾在福斯 —— 克萊德運河上進行商業貨運。不過，它沒多久就被廢棄了，原因並不是不能拖拽貨運帆船，而是槳輪高速旋轉攪動河水引起的波浪有可能把河堤沖毀。

　　波爾頓曾派人透過海路把幾臺發動機運往紐約，西元 1796 年 1 月 12 日，一個名叫約翰・赫威特的製板工也跟著船到了美國，他就是鼎鼎大名的艾布拉姆・赫威特的父親。艾布拉

---

[45]　羅伯特・富爾頓（Robert Fulton），西元 1765 至 1815 年，美國發明家，「輪船之父」。

姆‧赫威特曾經當過很久的眾議院議員，後來還當了紐約市市長，他在任的時候他大力推動城市建設，還主持修建了紐約市地鐵，因此被尊稱為「紐約地鐵之父」。紐約商會曾特別贈送給他一枚紀念獎章，以示對赫威特突出貢獻的表彰。赫威特先生的岳父彼得‧庫珀是一位著名發明家，也是庫珀研究院的創始人，在事業上對赫威特幫助很大。赫威特先生的孩子們後來也繼承了他的事業。1902 年逝世後，他被追認為「紐約市第一市民」。約翰‧赫威特一行人來到美國後，在紐約城外離伊利鐵路綠化隔離帶不遠的地方建起了一座小型的「索荷」發動機製造廠，而那裡的「索荷」火車站就是艾布拉姆‧赫威特主持修建的，當時他是紐約鐵路公司董事長。約翰‧施威特先生 80 壽辰的時候收到了來自四面八方的祝賀，從海外發來的一封電報引起了大家的注意：「您生命的 10 個八度音階無一不譜寫出了最絢爛宏偉的樂章。」時至今日，從來沒有人獲得過大眾如此廣泛的景仰，1796 年 1 月 12 日，人們將會永遠銘記那個特別的日子，那一天，赫威特先生帶著幾臺發動機從故國漂洋過海來到北美大陸，將工業時代的文明送給了美國人民。

　　但是有一點我們必須清楚，正是在航海領域應用了瓦特式發動機，才造就了後來的一次次飛躍。引入蒸汽機為後續的航海研究提供了很多的可行性，從這個意義上來說，汽船其實是蒸汽機的一項「副產品」。所以，當我們現在乘坐 23000 噸級的

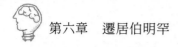

龐然大物（而且很快就會製造出噸位更大的輪船）在海上乘風破浪，勝似閒庭信步之時，是否應該在心底對一個多世紀前的那位偉人表示感激呢？現在的乘客們能舒舒服服地待在客艙裡穿越大西洋，幾乎一點顛簸都感覺不到，一切都顯得那麼的溫和而平靜，即便是有風浪來襲：

狂風怒吼著，挾著粗暴的浪花，吹卷了波浪的頭頂。

面前的海洋好像成了平坦的公路，只要一個星期愜意輕鬆的旅行，你就能夠從一個港口踏上大西洋彼岸的另一個港口，而且在途中乘客還能夠利用無線電報與外界聯繫。

第七章　第二項專利

長期以來，競爭對手們也一直在研究瓦特式蒸汽機的改進，而且其中有些人已經侵害了了瓦特的專利權。警報已經拉響，一定要採取行動了，瓦特和波爾頓做出決定，為他們在西元 1769 年之後的研究成果再申請一項專利。1781 年 10 月 25 日，他們申請了「太陽與行星」齒輪聯動裝置的專利保護。

申請這項技術的專利是十分必要的。前面說過，西元 1769 年瓦特在他的第一項專利中就涉及透過傳動裝置將發動機的直線往復運動轉化為圓周運動，從而帶動別的機器做功的技術，但是卻被沃斯布拉夫剽竊了。

這項專利裡描述了至少 5 種產生旋轉運動的方法，大名鼎鼎的「太陽與行星」齒輪聯動裝置是第 5 種，西元 1782 年 1 月 3 日，瓦特在給波爾頓寫信詳細地介紹了這套裝置：

我已經成功地完成了一種圓周運動引擎模型的試驗，它是由默多克先生以我的原有設計方案為基礎重新設計並實現的；下次我寄給您圖紙和相關說明，這套裝置可以在發動機 1 個衝程內產生兩次圓周運動，而且需要的話還能更多，並不需要增加別的裝置。

在將簡單的方案說明後寄出兩天，他又給波爾頓寫了一封信：

我已經把第 5 套方案的圖紙寄給您了，本來想將那套裝置的詳細說明也一起寄去，但直到昨晚也沒能全都完成，今天我感到有些頭痛，因此只是將一份草稿寄給您了。

為了對運動速率進行有效的控制，瓦特在「太陽與行星」齒輪聯動裝置裡引入了一個調速輪，但是在西元 1782 年，他在新型雙作用式發動機上對這套傳動裝置進行試驗時，即使調速輪沒安，傳動效果依然十分平穩。所以，他在雙作用式發動機的專利說明書中這樣寫道：「這種發動機現在在很多大型工廠中完全能夠取代水力、風力及畜力，還能代替工人運送貨物，而且已經給幾家主要廠商帶來了非常大的便利。」

　　在蒸汽機的革新過程中，「太陽與行星」齒輪聯動裝置是幾項最重要的突破之一。這種輕便的裝置一直沿用到現在，而且它的適用性很強，能夠連接到多種機械上，這樣就能適應需要產生旋轉運動的多種類型的工作場合。「太陽與行星」裝置徹底繞開了沃斯布拉夫的曲柄傳動專利的限制，性格決定了瓦特不可能允許自己跟隨別人的腳步，而且這個天才也有另闢蹊徑的能力。

　　瓦特在準備西元 1781 年的「太陽與行星」齒輪聯動裝置專利申請說明書時，還忙著準備另一份也很重要的文件 —— 雙作用式發動機專利申請說明書，這項發明在 1782 年獲得了專利。他現在可以和夥伴們盡情擁抱慶賀了，持續十幾年的不懈探索研究，終於結出了一串串豐碩的果實：

1. 蒸汽膨脹性原理的應用及相關領域的諸多發明（共 6 項，其中一些是以現有的為基礎完成的重大改進）。

2. 雙作用式發動機；蒸汽進入汽缸推動活塞往復運動；將高壓蒸汽通入汽缸的一端，另一端通向冷凝器，形成真空狀態，即可以實現活塞的自主往復運動。

3. 雙汽缸發動機；裝有兩個汽缸，分別是一級汽缸和二級汽缸，能獨立工作，也能同時工作；可根據需要選擇衝程交替迴圈或者同時進行。

4. 用齒輪齒條裝置取代了活塞杆和橫梁之間常用的鏈條。

5. 旋轉式發動機，也稱為蒸汽輪機。

在這裡，我們一定要重點介紹一下瓦特極為重要的幾項研究成果：第一，蒸汽膨脹力的應用。第二，雙作用式發動機。

大家應該還沒有忘記，瓦特製造第一臺蒸汽機時與紐科門的做法是一樣的，採用的都是汽缸底部進汽的方式，而兩者的不一樣的地方是：紐科門式蒸汽機汽缸頂部是開放的，所以蒸汽只在活塞的上行衝程做功，大量蒸汽熱量都在汽缸的反覆加熱冷卻過程中浪費了，而瓦特的工作以此為基礎前進了一大步，他將汽缸頂部密封，又引入了分離式冷凝器，讓蒸汽能量的利用效率有了極大的提高。第三，他後來在雙作用式發動機的基礎上有了大大的進展，研製出了複合式發動機。這種發動機由兩個部分組成，分別是一級發動機和二級發動機，能夠透過衝程交替循環或同時進行實現獨立作業或共同作業。瓦特大約是在西元 1767 年提出的複合式發動機的設計思想，當時他在

國會請求將第一項專利的有效期延長時，在一張羊皮紙上繪製了一幅複合式發動機的草圖，但他那段時間正忙著推廣並指導工人製造單動發動機，所以這項研究沒有繼續推進。由於發現自己「正深陷眾多剽竊者的包圍當中」，所以瓦特在 1782 年的專利中也就沒有再提這種設計思想。

西元 1786 年，倫敦的阿爾比恩碾磨廠安裝了雙作用式發動機，它也是最早選擇應用這種發動機的廠商之一。瓦特寫道：

提到阿爾比恩碾磨廠，我一定要替他們說幾句公道話，它曾在很長的一段時間遭受那些心懷鬼胎的競爭者的惡意中傷，而且 1791 年的那場讓它化為灰燼的大火也絕非偶然，肯定是蓄謀已久的。為了打破那些詆毀他們壟斷操縱物價的謠言，他們還曾把麵粉的價格大幅度地下調過。

繼雙作用式發動機之後，瓦特又推出了複合式發動機，他這樣介紹這種新型發動機：

這種新型發動機把兩臺引擎的汽缸還有與之配套的冷凝器連接到一起，高壓蒸汽在一級汽缸內推動活塞做功，然後進入二級汽缸內膨脹做功，這種設計能夠獲得額外的動力。當然還能夠製造出多級發動機，它們之間能夠交替工作，也能夠同時工作。

我們要在這裡向瓦特致以最崇高的敬意，他這裡描述的就是現代發動機。

繼瓦特之後，兩項十分有益的發明也出現了。其一是卡特萊特的活塞環，它將曾長期困擾瓦特的蒸汽洩漏問題有效地解決了，當時即使選用最好的密封材料，也沒能徹底解決這個難題，當然這個問題的根本原因在於沒有使用高壓蒸汽。現在就像高溫蒸汽的膨脹過程一樣，活塞環也在迅速擴展它的應用領域，而密封活塞依然是一項高精密度的工作。其實瓦特當年沒有選擇高壓蒸汽，並非因為沒有意識到它的優勢所在，而是以當時的機械加工工藝水準，根本沒法製造出符合使用要求的汽缸，就像之前已經多次說過的，這位天才總是將現實遠遠地拋在身後，所以他又被迫一次次折回腳步。

另一項發明是美國人哈斯韋爾發明的丁字頭，透過表面平滑的長丁字頭導杆，在活塞杆和橫梁之間實現了完美的剛性連接。而且現在在排汽和進汽裝置中，落閥也取代了滑閥。

顯而易見，瓦特對常壓高溫蒸汽的熱值動態一點都不了解，儘管他十分清楚高壓空氣的價值。實際上，當時所有的物理學家以及工程師們都沒有發現這一點，這樣的情況持續到西元 1824 年，卡諾[46] 發現了。而且即便是瓦特意識到了這一點，以當時的機械工藝水準，也根本不可能將其應用到生產實踐中，那時甚至都不具備高壓空氣的應用條件。直到最近幾年，長期以來在實踐中一直被棄用的渦輪和過熱器再次得到人們的

---

[46]　薩迪・卡諾（Nicolas Léonard Sadi Carnot），西元 1796 至 1832 年，法國工程師，熱力學創始人之一。

關注，高溫蒸汽的應用研究也因此取得了長足的進展，潤滑油和密封始終解決不了的過熱問題在過去5年終於被成功突破了。和生產實踐中常用的普通發動機相比，引入過熱器是這一難題得以解決的關鍵因素，不過即便是性能最好的四脹式發動機，其蒸汽節約效果也很普通。然而開爾文卻寄希望於將這項技術應用到蒸汽機上，好讓它可以產生最高的經濟效益。

最近（1905年1月），斯蒂文斯理工學院的登頓教授在研究一項蒸汽機經濟學的課題。他指出，在尾氣排放方面，現在的蒸汽渦輪發動機與活塞發動機不分伯仲，但由於渦輪發動機充分利用了蒸汽的膨脹性原理，所以顯然它的市場競爭力要遠高於活塞發動機，這自然要對那個思想總是走在現實前面的人 —— 瓦特 —— 表示感謝。

瓦特西元1783年末至1784年初一直在索荷製造廠，為給威爾金森研究落錘發動機而忙碌。實際上早在1777年的時候，他在給波爾頓寫的信中就說到了這件事：

威爾金森需要一臺每分鐘可以把15英擔重的鐵錘提起30至40次的發動機。我已經讓韋伯去一臺小型發動機上測試60磅的落錘了，這樣能夠從中找出不少問題。

這項試驗獲得了成功。西元1783年4月27日，索荷為威爾金森的鑄鐵廠生產了一臺可以帶動700磅落錘的發動機，這臺發動機每分鐘完成15到50個衝程，最多能夠達到60個，能夠將

落錘提到兩英尺高，並完成 300 次錘擊。它能夠帶動兩個 700 磅或者四個 7 英擔的鐵錘。瓦特對自己的這件作品讚不絕口：

> 我敢說，這樣的發動機 —— 每分鐘可以將 700 磅的鐵錘揮擊 300 次 —— 從來沒人製造出來過；實際上，不是吹牛，這個落錘速率已經要比工作所需的每分鐘 90 到 100 次高很多了。

西元 1784 年 4 月 28 日，「平行傳動裝置」，—— 這項瓦特平生最得意的機械發明獲得了專利，這項專利給他帶來的自豪感，是以往所有成就都無法比擬的。1808 年 11 月，在獲得「平行傳動裝置」專利的 24 年後，他在寫給兒子的信中說道：

> 雖然我對名望並不怎麼在意，但是那套平行傳動裝置給我帶來的自豪感，卻比我曾經做出的任何其他機械發明都要多。

1784 年 6 月，他在寫給波爾頓的信中這樣說：

> 我已經開始研究一個新問題了。而且目前已經摸索出了一種可以讓活塞連杆作上下垂直運動的方法，其實只要將它固定在橫梁的一塊鐵板上就可以了……我覺得這一定是最簡單精巧的方案。

1784 年 10 月，他在信中這樣說道：

> 中心垂直杆的運動狀況遠遠好於預期，並沒有產生噪音，看到這種情況，我簡直高興得手舞足蹈了，另一項偉大的發明已經在向我招手了。

當時的橫梁式發動機通常被用來給礦井抽水，平行傳動裝置的安裝讓工作的穩定性和耐久性都有了極大的提高。現在這套裝置換成了丁字頭導杆和活塞導承，不過當時是製造不出來這些工具的，所以，我們不得不對那位天才感到由衷的敬佩，他能在一個多世紀前透過如此「精巧」的裝置設計，實現如此「簡潔完美」的運動的。而它被瓦特視為最值得驕傲的一項機械發明自然就不足為奇了。

瓦特在「平行傳動裝置」的專利說明書裡，還提及公路蒸汽機車的設計思想，不過直到多年以後，鐵路機車才由史蒂文生製造成功。

西元 1785 年 6 月 14 日，瓦特獲得了他平生最後一項專利，這項專利是一種改良的新型熔爐，它能夠應用在發動機的高壓蒸汽鍋爐或冶金及礦石冶煉等領域，這種熔爐擁有更高的燃料燃燒效率，而且能夠在很大程度上避免煙塵的排放。就像他自己說的，「這項發明來自於我很久之前的一個思路」，但這個被他輕描淡寫、一筆帶過的想法直到現在，還在發揮著重要的功用。

瓦特在各個時期發明了很多形形色色的儀器，無疑，這些發明都對發動機效率的提升有所幫助，我們這裡著重介紹其中幾項重要性較高的發明：節流閥、離心調速器、蒸汽壓力計還有示功器。

米爾黑德在他的自傳中描述了節流閥和離心調速器：

工程師透過對節流閥的操縱，來控制發動機的啟動停車還有蒸汽的供給量。瓦特設計的節流閥主體是一個圓形的金屬盤，閥軸固定穿過其直徑方向，金屬被精確安裝在具有一定厚度的支撐環上，金屬支撐環被固定在一個靠近汽缸的蒸汽管道結合處。閥軸的一端從支撐環穿過，並由一把扳手固定，扳動扳手就可以把金屬盤轉動到任意的方向。這樣就能夠透過對閥門與支撐環之間的傾斜角度調節，來控制管道中蒸汽的流量，也就調節了對活塞受力的大小，比如，當閥門與外面的支撐環平行時，就是徹底關閉了蒸汽通路，而垂直時，就是將蒸汽通路完全打開了。

帕潘曾覺得和蒸汽相比，火藥是更安全可靠的能量來源，不過那是離心調速器還沒出現時的情況了。米爾黑德本人對離心調速器非常偏愛，可能那是他第一項完全弄清原理的發明的緣故。這項發明充分地利用了離心力原理，調速器上安裝著兩個很重的飛球，飛球飛行速率越高，它的運動半徑就越大，反過來飛行速率越低，運動半徑就越小。安裝一個可透過飛球運動調節的閥門，讓飛球的運動半徑和閥門打開的大小成負向關係。這樣發動機的轉速越高，蒸汽的流量就越低，反過來發動機的轉速越低，蒸汽的流量就越高。這樣就可能透過這套裝置對發動機的轉速進行有效的控制調節。

阿拉戈這樣描述瓦特的蒸汽壓力計和示功器：

蒸汽壓力計的主體是一根玻璃管，它底部有一個玻璃泡，裡面裝的是水銀，使用的時候，可以將它放在一個和蒸汽鍋爐或蒸汽流通管道固定相連的鐵盒裡，蒸汽壓力作用於玻璃泡內的水銀表面，會推動水銀柱上升（玻璃管頂部和空氣是連通的），這時水銀柱顯示的高度就是蒸汽壓力與環境大氣壓之間的差值。

壓力計顯示的只是內汽缸蒸汽的消耗程度，然而在它的變化程度很小的時候，幾乎很難透過水銀柱的高度變化判斷出來，而且發動機不同工作週期汽缸內的蒸汽消耗狀況也顯示不出來。所以設計出一種既能反映出蒸汽壓力的微小變化，又能準確顯示出發動機在整個工作週期內的蒸汽消耗情況的儀器就很有必要了。

示功器的出現讓這一難題得到了有效的解決。示功器的主體是一個 6 英寸長、直徑 1 英寸的小汽缸，裡面有一個製造精密的活塞，活塞與小汽缸內壁間氣密性良好，能夠自由地滑動；活塞杆與小汽缸軸同一個方向，這樣能夠降低運動過程中的摩擦阻力。小汽缸底部是錐形的，示功器透過一段一端也是錐形的導管和發動機汽缸內部連通。

示功器的小汽缸一般是木質或者金屬結構的，它的長度超過示功器自身長度的兩倍。螺旋形示功彈簧的一端連著小汽缸的頂部，另一端連著示功器的活塞連杆頂端。活塞杆頂部裝著

一個刻度盤，當小汽缸內的蒸汽耗盡時，在大氣壓力作用下的活塞會移動到小汽缸的底部，這時刻度盤上指標指向的位置，就是發動機汽缸內的蒸汽壓力，具體的數值能夠透過一個連著小汽缸的氣壓計測量出來。

有的時候，偉大的發明創造的來源是長期不懈的試驗與思考，而有的時候，不過是發明家們的奇妙思想和靈光一現，不過我們需要知道，沒有長期的思考研究，是不會有「靈光一現」迸發出來的。

還是以蒸汽機為例，其中一項重大發明彷彿來得非常不可思議。有個叫韓弗理‧波特的少年受雇看守一臺紐科門蒸汽機。他的任務是每當蒸汽機的操縱杆下落時，就放掉蒸汽，這是一項相當枯燥乏味的工作，必須時刻守在機器旁邊，要不發動機就有停車的危險。對於一個孩子來說，這自然是一種煎熬，小夥伴們就在不遠的地方嬉戲玩鬧，「脫身玩個痛快」成為促使他思考的重要動力。韓弗理‧波特觀察到，發動機橫梁運動過程中，需要反覆打開關閉那些旋塞，於是他就敏捷地裝了幾條燈芯絨的布條上去，這就讓閥門能夠自動開關，雖然這並非第一臺自動化裝置，但是毫無疑問的是它是人們以前從未見過的。從此蒸汽機走向了自動化，工作效率提高了一倍，運轉的過程徹底擺脫了人工的操縱。

波特最初用的那幾條燈芯絨布條，後來演變成一組帶有銷

釘的連杆，透過它來實現上下兩個方向的自主運動。直到很久之後這種連杆才被別的裝置取代，但是後來一切工作其實都是在以那位少年的發明為基礎進行的簡單改進，而他當時研究這套裝置，不過是想讓自己能多玩一會兒。

很多人都渴望多了解一下這位年輕的發明家，想知道「雙作用式活塞」原理的發現給他帶來了多少榮譽。但是很遺憾，關於他的資訊很少，不過我們一定要盡力修復那段被忽視的記憶。讓我們將那個名字 —— 韓弗理·波特 —— 記住吧，雖然他不過是個孩子，卻能在蒸汽機的發展史上寫下了屬於他自己的濃墨重彩的一筆。

在蒸汽機的發展進程中，還有一個發現是屬於非常意外的那種。早期紐科門發動機採用的汽缸是底部開口的，這樣能讓活塞面存有少量的水，運動的活塞與汽缸內壁之間的縫隙就得到了密封，這主要是因為當時鏜缸車床還沒出現，所以製造出來的汽缸內壁是粗糙不平的。

有一天，一位工程師偶然發現，自己負責的那臺發動機運轉的速度明顯快了很多，他進行了檢查，然後發現，由於一個意外事故，活塞頭被打穿了，冷水正在順著那個小洞緩慢地進入汽缸，而且已經冷凝了裡面的蒸汽，剛好製造了一個真空的環境。根據這個意外的發現，紐科門製造出了噴射式冷凝器，顯著地提高了蒸汽機的效率。

西元 1783 年可以說是瓦特的豐收年，這一年他不僅獲得了十幾項發明成果，而且還出版了《水的化學組成研究》這本書。他也憑藉這些成就獲得了廣泛的讚譽。漢弗里‧戴維[47]、李比希[48]、阿拉戈、約瑟夫‧亨利[49] 等眾多權威人士都給予了他很高的評價。

沒有什麼東西能比信件和論文更能展現瓦特的智慧和成就。西元 1783 年 4 月 21 日，瓦特在寫給布萊克的信中說道：「我已經把那篇論文遞交給了皇家學會的普利斯特里博士。」那篇論文就有關於水成分的新觀點，當時認為水是一種單質，後來才發現並不是，而是一種化合物，這也堪稱自然科學領域最偉大的發現之一。

毫無疑問，水的化學組成的揭祕為物理及化學領域研究開啟了一扇大門，新的化學體系的基礎由此確立，從此，自然科學史翻開了嶄新的一頁。湯瑪斯‧揚[50] 對此也給予了高度的評價，「這個發現很有可能是截止現在，人類智慧最完美的體現」。瓦特的這項研究成果可以和牛頓在光學上的成就相提並論，這一點都不誇張。

莫里菲爾德說：

---

[47] 漢弗里‧戴維（Sir Humphry Davy, 1st Baronet），西元 1778 至 1829 年，英國化學家。

[48] 尤斯圖斯‧馮‧李比希（Justus Freiherr von Liebig），西元 1803 至 1873 年，德國化學家，有機化學的創立者。

[49] 約瑟夫‧亨利（Joseph Henry），西元 1797 至 1878 年，美國物理學家。

[50] 湯瑪士‧楊格（Thomas Young），西元 1773 至 1829 年，英國物理學家，光的波動說奠基人之一。

我們不得不向瓦特投去無限讚美的眼光，他不僅在蒸汽機的改良上得到了世人無法企及的成就，他的思想還在另一個同等重要的領域有了豐厚的收穫，他那神奇的智慧之光彷彿能夠將任何一個角落照亮。

阿拉戈說：

在瓦特 4 月出版的論文集裡，普利斯特里加入了一項重要的實驗現象說明：氧氣和氫氣混合燃燒爆炸後生成的水的品質，和反應之前兩種氣體的品質總和一致。

瓦特在和普利斯特里對這個重要的實驗發現進行討論後，立刻就意識到：水並非一種單質。西元 1783 年 4 月 26 日，瓦特給好友寫了一封信，闡述了自己的觀點：

反應的生成物是什麼？顯然，生成物是水和光、熱量。不過，我們還不能就這樣得出權威的結論，水是一種氫氣和氧氣混合吸熱後反應生成的化合物；氧是水除去氫元素之後的物質，但還需要吸收光和熱量嗎？如果光只是熱的一種表現形式或氫氣的某種成分，那麼，氧氣就是水除去氫之後吸熱的產物。

普利斯特里高度重視這封措辭準確、清晰、邏輯性極強的信，他迅速與倫敦的幾位科學家交流了看法，並馬上就將其呈送給了皇家學會的主席約瑟夫・班克斯 [51]。後來在一次學術會

---

[51] 約瑟夫・班克斯（Sir Joseph Banks），西元 1743 至 1820 年，英國探險家、自然學家。

議上，普利斯特里宣讀了這封信。

　　長久以來，瓦特始終認為空氣是水的另一種存在形式。1782 年 12 月 10 日，他在寫給波爾頓的信中說道：

　　您可能還記得，我以前總說，如果加熱水到熾熱或溫度更高的狀態，它很可能會轉化為空氣，因為此時蒸汽已經所有的潛熱釋放出來了，如果繼續受熱，它的運動狀態就會發生轉變。

　　1783 年 4 月 21 日，就是獲悉普利斯特里的實驗一個月後，瓦特在寫給布萊克博士的信中說：「我確信，我已經發現了導致水轉變為空氣的原因。」

　　幾天之後，他給普利斯特里寫信：

　　在燃素（氫氣）與「脫燃素空氣」（氧氣）劇烈燃燒反應的過程中，溫度會達到熾熱狀態，冷卻之後就會生成水；當然，水、光還有熱都是反應的生成物。水是由脫燃素空氣、燃素放出一部分的潛熱後構成的；脫燃素的空氣，或者說純淨的空氣是由脫去燃素的水、光及熱量構成的；假設光不過是熱的一種表現形式，或者是燃素的某種成分，那麼是否能夠認為純淨的空氣就是脫去燃素及其潛熱的水呢？

　　從瓦特 4 月 21 日寫給布萊克的信中能夠看出，那天他給普利斯特里的信，也就是後來在皇家學會被宣讀的那封信已經寫完了，但在 4 月 26 日當天，瓦特告訴德魯克先生，他發現並更正那封信中的一些錯誤，並將在一兩天內將更正後的副本給他寄去，

那份副本在 28 日到了德魯克手中。不過那封更正後的信件日期寫的還是然是 4 月 26 日，信的內容後來在《物理學學報》上發表了。瓦特在將信放入信封前，加上了一句話：「我認為，對自己說過的話思考得越深入，結果就越令人滿意，目前一切終於完美了。」

這就是那項自然科學史上最偉大的發現之一，一切事情看起來都是如此簡單而順理成章。

實際上，瓦特已經深入研究普利斯特里的實驗，而且已經發現了問題出在哪裡。不過，普利斯特里得知這個消息後還是無法接受，又經過多次的實驗，最終驗證了瓦特的結論是正確的。1783 年 4 月 29 日，他在寫給瓦特的信中說，「那些糟糕的實驗儀器真的讓我十分吃驚和憤怒，它們差點將您的美妙假設給毀了。」只過了 3 天，西元 1783 年 5 月 2 日，瓦特給普利斯特里回信，隨信還寄去了一張實驗裝置草圖，向好友詳細解釋了實驗的問題出在那裡：

您的實驗結論事實上與我在信中提到的假設並不矛盾。而且那些實驗現象也並不是非常可靠。我的觀點是由別的實驗現象得出的，我也始終堅持自己的看法直到有實驗現象顯示水是由純淨的空氣與燃素燃燒反應後生成的。

同年 5 月 18 日，他又給德魯克寫信：

我認為普利斯特里先生的實驗結論和我的觀點是一致的……我的觀點非常簡單，那就是純淨的空氣（也就是脫燃素的

空氣或者說氧氣）是水去除燃素並且吸收熱量後的產物，這個結論的實驗基礎是：脫燃素的空氣與燃素燃燒反應的產物只有水和熱量。

反覆的實驗後，瓦特確信他的理論已經徹底能夠讓所有的人信服，他打算在 1783 年 12 月向皇家學會陳述他的新理論，之前因為一部分學者覺得他第一篇論文還是需要更充足的實驗資料支援，瓦特已經向皇家學會申請保留那篇論文，直至透過實驗完成對其正確性的驗證，不過他從未對這一點產生過懷疑。

當普利斯特里等權威人士在一系列實驗結果的面前都不得不對瓦特的結論表示信服時，別的懷疑者再怎麼辯駁都沒有用了，所有的人都應該向那位偉大的發現者表示最真誠的敬意。

在研究國外學者的化學文獻時，瓦特還遇到了度量衡不統一的問題，這個問題直到現在也沒有解決。

1783 年 12 月，瓦特給開爾文寫信：

我現在遇到了不少度量衡方面的麻煩；大多數的德國學者的著作採用了不一樣的重量單位及進率，理解起來非常困難，所以我建議統一一下度量衡，所有的學者都採用以磅為基準的英制重量單位，我熱切地盼望您、普利斯特里還有幾位法國學者能夠同意我的建議；學者們用不了多久就會體會到這項措施所產生的顯著效果。

下面是我的方案：

物理學定義：

1 磅 =10 盎司 =10,000 格令

1 盎司 =10 德拉克馬 [52]=1,000 格令

1 德拉克馬 =100 格令

採用上面的方案後，可以用盎司為單位度量一切彈性液體的重量，不同國家重量單位中立方英寸標準的差別就沒有了，只要查閱一下公有的比重進率表，就能立刻給出彈性液體的重量。

如果學者們不能就 1 磅或 1 格令的標準達成一致，那就只好繼續都每個人都按照自己的習慣選擇重量標準了；別的人倒沒什麼，只是從事醫學研究的人還得繼續進行煩瑣的單位換算；如果所有的國家都採用相同的標準，那情況就大不一樣了。我建議採用阿姆斯特丹或巴黎的 1 磅作為歐洲通用重量標準：1 常衡磅 =7,000 格令，1 巴黎磅 =7,630 格令 =9,376 巴黎格令，所以，進率取 10,000 對巴黎格令幾乎沒什麼影響，我更傾向於以巴黎格令作為磅的基準劃分單位，畢竟「磅」的應用十分廣泛，而「格令」地域性太強了。

這個方案普利斯特里博士已經同意了，我們現在徵求您的意見，希望您能夠進一步完善這個方案，讓它應用起來更加方便，具有更普遍的適用性……我傾向於選擇英尺作為基準單位，將「磅」作為匯出單位；但在確定方案之前，我們至少應該先設定一個合適的進率，比如現在人們普遍接受的十進位。

---

[52]　希臘貨幣單位。

後來，瓦特在寫給麥哲倫的信中這樣說道：

在我看來，將英尺或磅作為基準單位並不是特別合適，至少在化學領域是這樣。您本人也覺得將英尺作為基準單位的優勢就在於 1 立方英尺 =1,000 液體盎司，所以，保留盎司和英尺兩個單位具有可行性；由頻率為每分鐘 100 次的擺動計數器能夠得出 1 英尺 =14.2 英寸，所以 1 立方英尺 =1 蒲式耳 =101 磅，所以「磅」並不需要做出多大改變。但是我覺得英尺這個單位太大了，如果採用上述方案，只是將英尺作為基準單位的話，別的單位和它換算起來會十分麻煩，而磅、蒲式耳、加侖等單位與盎司換算顯然要方便得多。所以我更傾向於盎司和英尺這兩個基準單位都保留。

關於單位標準的爭論不僅始終沒有停息過，而且還愈演愈烈了 —— 公制、十進位或者維持現狀。每個國家都有符合各自使用習慣的單位標準。所以，未來有必要成立一個國際性組織，來制定一套統一的標準，讓這種混亂的局面徹底結束。直到英語國家之間越來越頻繁地開展貿易往來，越來越多的人才開始關注這個問題。特別是在貨幣的價值方面。英國首先和加拿大還有美國完成了貨幣單位體系的統一，操作方法很簡單，就是規定 1 英鎊 =5 美元；1 先令和 2 先令銀幣分別等值於 0.25 美元和 0.5 美元，硬幣重鑄之後，這套貨幣體系也沿用了下來。

但是，統一重量和長度等度量衡的困難就多得多了，但是

科學研究是屬於全世界的，不應該被不一樣的標準給割裂了。不過令人遺憾的是，直到現在，度量衡體系完全統一似乎依然前景黯淡，但我們相信瓦特在一個半世紀前的構想一定會成為現實的，他是一位先知和預言家，他能看見科學的未來。

　　長期繁忙的工作讓瓦特極少有度假的機會，不過在遷居伯明罕之後，他加入了著名的學術團體「圓月學社」，這個團體的成員都是學者和社會名流，氣氛令人十分愉快。除了瓦特和波爾頓，「圓月學社」的成員還有氧氣的發現者普利斯特里、威治伍德陶瓷的創始人約書亞・威治伍德、伊拉斯謨斯・達爾文、詹姆斯・麥基爾、威廉・威靈、塞繆爾・高爾頓。這個團體之所以叫「圓月學社」，是因為它的成員會在每個月的滿月那天聚會。普利斯特里是西元 1780 年遷居到伯明罕的，他後來曾多次提起和瓦特做鄰居的那段愉快的時光：

　　我一生中最為愉快的時光就是在伯明罕的日子了。我接觸到了就我所知的一切學科。朋友們都是儒雅而博學的紳士。瓦特先生、麥基爾先生、波爾頓先生、威靈博士、達爾文博士、高爾頓先生還有後來加入的詹森先生，當然還有我自己，我們總聚在一起，談論著物理學、醫學、化學甚至神學和哲學。我們每月都要共進一次晚餐，我們的團體叫做「圓月學社」，因為聚會會安排在每月滿月的那天，這樣我們就能夠借著月光回家了。

理查‧洛弗爾‧埃奇沃斯也提起過他心中神聖的「圓月學社」:

在麥基爾先生的引薦下,我結識了伯明罕的斯莫爾博士,他性情友善謙和,是一位令人敬重的紳士。斯莫爾先生組織了一個小團體,波爾頓先生、瓦特先生、達爾文博士、威治伍德先生、陶瑪斯‧戴和我都是團體的成員,我們這些人雖然來自不一樣的領域,但對知識的渴求熱情,以及獻身藝術或科學的心是共通的。沒有什麼事情能夠破壞我們堅固的友誼,除非死亡或者有人背棄了我們共同的理想。麥基爾先生,著名學者,實驗化學家;斯莫爾博士,一位睿智而熱情的紳士;威治伍德先生,實驗物理學家,發明新陶瓷的人;波爾頓先生,成功的商業人士,頭腦果斷而冷靜;瓦特先生,天才的發明家,聰明睿智,對待事業執著而堅定;達爾文先生,熱愛自然,充滿幻想,思維如詩人般卓越;戴先生,正直而雄辯,對社會問題的見解深入透徹;當然,和朋友們相比,我就太遜色了。我們在一起度過了令我終生難忘的開心時光。

這個團體一直存在到 19 世紀初,西元 1809 年波爾頓去世了,瓦特成為「圓月學社」最後一位健在的成員。1793 年「圓月學社」最後一次被正式提及,那是在普利斯特里在《水分解為純淨空氣的實驗》中說的:

由於遷離了伯明罕,而不得不跟「圓月學社」告別,是我一生中覺得最遺憾的幾件事之一,那是一個給予我啟迪和鼓勵的團

體;「圓月學社」的朋友們都能夠給予彼此的工作公正客觀的評價，並給出無私熱情的建議。令人愉快的「月亮」聚會我從來都沒有缺席過，我將永遠珍惜那些美妙的記憶。雖然僑居海外讓我與朋友們的距離遠了，但我只會更加想念你們，想念我們的「圓月學社」……我們因對物理學的無限熱情而聚到了一起。政客們對我們的團體是不會有興趣的，他們在「圓月學社」不會找到任何話題，只會覺得乏味枯燥。我們因討論神奇而美妙的物理學問題而獲得了極大的滿足感，「圓月學社」是只屬於我們的精神樂園。

「圓月學社」的活動也使瓦特和波爾頓的生活變得更加豐富，實際上，他們也並不是總在忙著做生意和發明研究，他們彼此敬重，在平靜的生活和工作中他們一直保持著深厚的友誼。

西元 1786 年，波爾頓和瓦特的日常工作被一件突發事件打破了，他們必須趕赴巴黎，跟那裡的廠商們對瓦特式蒸汽機在法國的專有安裝權問題進行協商和解決，而且還要提出對瑪律利（法國城市）的大型液壓機的改建方案。起程前，天生就性格謹慎的瓦特給波爾頓寫信：

我覺得不論我們誰去法國，都要先去拜訪皮特先生，應該向首相說明我們此次來的目的，把人們的猜忌消除掉，那些誹謗將會不攻自破，這樣我們便可以贏得廣泛的信譽，法國的廠商們自然就會渴望跟我們合作！

巴黎市政府熱情地招待了他們，顯然，法國人特別渴望建

立發動機製造廠。但這次瓦特和波爾頓太過謹慎了，他們拒絕了法國人的合作想法。只有合作才能帶來經濟效益，而且當時其他國家已經很容易就能得到製造發動機所需的圖紙和技術專家，所以透過「拒絕合作」來對技術進行壟斷已經無法發揮什麼作用了。當時由於自動化機器的出現，已經使市場大大減少了對所謂的熟練技術工人的需求，即使是來自東印度（亞洲南部的印度和馬來群島）、中國、墨西哥和日本的那些工人也都或多或少有幾個月的工作經驗。製造業的規模在世界範圍內正在迅速擴大，每個國家都渴望盡快把這個產業發展起來，必要時它們會在某個時期採取貿易保護政策，防止基礎資源大量外流，以期國內企業能夠把質優價廉的商品盡快生產出來。

　　此次巴黎之行，瓦特和波爾頓也結識了眾多歐洲大陸的知名學者，透過和這些學者頻繁的書信往來，他們受益頗深，對「技術壟斷」的刻板認知也漸漸發生了改變。瓦特曾對他當時在巴黎的生活狀態這樣描述：「被言過其實的讚美聲包圍著的他，差不多是從早晨醉到晚上，嘴裡充滿了勃艮第葡萄酒的味道。」而波爾頓則是全心都放在忙正事上，對讚美之詞只是置之一笑。

　　在巴黎期間，貝托萊把他的新發現 —— 氯氣漂白原理介紹給了瓦特，並且同意他將其推薦給麥格雷戈先生，後來這項技術連同瓦特的幾項發明一併被麥格雷戈先生應用在了生產實踐中。西元 1787 年 4 月 27 日，在給岳父的信中瓦特寫道：

貝托萊先生是位傑出的化學家和醫生，巴黎科學院院士，雖然他並不富有，但他的品格謙遜儒雅，是位讓人敬仰的學者。我把這項技術向您推薦的初衷只是希望這個有意義的科學發現可以創造出商業價值。另外，如果這項技術在我手中，實際上也只存在學術價值，我完全沒有把它應用於生產並推向市場的商業才能，而且目前我的身體狀況也不允許我那樣做，但是它對於您來說，意義就截然不同了。最近貝托萊先生給我來信中說，目前他已經放棄了利用這項技術謀求利益的想法，因為他不希望商業活動把自己平靜的科學研究生活打破了。可能他是對的，但如果這項技術確實存在重大的商業價值，那麼他是完全有資格獲取豐厚回報的，我本人也希望他可以得到所有英國人的敬重。但是我仍然存有很多疑慮，就像您所說的，目前獲得貝托萊先生放棄這項技術的商業用途的承諾，是比任何事情都重要的事。

　　長期以來，淡泊名利、獻身科學是法國學者們的優秀傳統。今天的巴斯德 [53] 就是他們之中的傑出代表，他長期把生活過得簡單而理想化，把科學、信仰還有生活完美地結合起來，他沒有權勢，沒有豪宅，也沒有財富，有的只是為人類進步而服務的一顆心。當然其中還有貝托萊，就像阿加西 [54] 所說的，這些天才們的頭腦「已經忙得沒有時間賺錢了」。西元 1792 年，

---

[53]　路易‧巴斯德 (Louis Pasteur)，西元 1822 至 1895 年，法國微生物學家、化學家。
[54]　讓‧路易‧魯道夫‧阿加西 (Jean Louis Rodolphe Agassiz)，西元 1807 至 1873 年，美國博物學家、地質學家、教育家。

由於瓦特的專利技術長期被康沃爾的工程師們剽竊，此時已過花甲之年的瓦特和波爾頓決定對這些人的行為進行嚴格限制，但卻因此引起了一場大麻煩。幸運的是，小詹姆斯・瓦特和小波爾頓站了出來，「青出於藍而勝於藍」的他們主動參與到了整件事情的處理中，協助父輩們走出了困境。波爾頓和瓦特是幸運的，在初次見面時他們就預訂了一生的友誼以及牢固的合作關係，而更幸運的是，他們都有一個非常有才能的兒子，而且也都像父輩們那樣，孩子們成為了終生的朋友與合作夥伴。他們決定向法律訴訟那些侵犯發動機專利權的人，以此來捍衛自己的權益。

所有發明家都無法避免要面對的問題，瓦特也同樣面臨著，有專利，有壟斷，競爭者們就一定會進行所謂的「反抗」。在競爭者的惡意抨擊面前，也沒必要作任何反省。由於專利說明書的措辭不當，僅闡述了技術原理，並沒有涉及如何將其應用於發動機製造，因此競爭者們認為不應該限制其應用。迫不得已，瓦特和波爾頓只能請來一批專家共同研究策略進行應對。在他們的頭腦中，時不時的會閃現出幾個不錯的想法，但在庭審之後就放棄了。很顯然，訴訟的勝敗是由專利權的有效性直接決定的，在眾多科學家的共同作證下，最終他們贏得了這場官司的勝利。實際上，瓦特和波爾頓也沒有必要懷疑自己，他們的主張是合乎情理的，身為專利所有者的瓦特完全有

資格獲得由此產生的所有收益。他們已經找到了鑰匙，並且財富的大門也被他們打開了，把一個個雞蛋都擺放好，小雞將要破殼而出。直到現在，專利權訴訟仍舊是法律界面臨的重大課題。在今天的早報上，我看見這樣一則新聞，電報之父摩斯 [55]的兒子，正在為這項發明的所有權歸屬於他父親進行辯護，事情的起因是摩斯曾經有位合作者叫韋爾，而他的兒子宣稱電報的真正發明者是韋爾。美國聯邦最高法院的法官們作出了自成立以來少有的明智之舉，韋爾家族的起訴被他們駁回了。實際上，目前為止還沒有一家法院有專利訴訟的審判經驗。縱觀專利訴訟的歷史，在審判過程中法院越來越注重以下兩點：一是，發明是否存在價值；二是，在實踐中證實了這項發明的價值是哪一方。最終的裁決結果在很大程度上被這兩點左右著。

為這場曠日持久的訴訟瓦特和波爾頓也付出了高昂的代價，光是律師費就花掉了 3 萬美元，對於這筆巨額支出，後來瓦特非常感慨地說：「那筆費用還真是沒有辱沒倫敦律師的名聲。」不過，實際上給那位倫敦律師的這筆費用是分 4 年支付完的。西元 1797 年 1 月 15 日，在給好友布萊克的信中瓦特說：「在整件事情中，最令我感到欣慰的莫過於朋友的熱情幫助和年輕人的迅速成長。」

西元 1793 年 6 月 22 日，第一場庭審結束了，陪審團的意

---

[55] 塞繆爾・摩斯（Samuel Finley Breese Morse），西元 1791 至 1872 年，美國發明家、藝術家，「電報之父」。

見被採納，法院裁定瓦特的發明專利有效。但是在 1795 年 5 月 16 日的庭審中，法官們出現了不同的意見，其中兩人認定專利有效，而另外兩人的意見則是反對。1796 年 12 月 16 日，高等民事法庭對這個案件進行再次審理，艾爾勳爵是首席法官，另外還設立了一個特別陪審團，瓦特和波爾頓最終得到了陪審團的支援，4 位法官的意見也達成一致，終審裁定瓦特的發明專利有效，終於給這場曠日持久的官司畫上了句號。

羅比森教授是瓦特青年時期在格拉斯哥的好友，在法官和陪審團的裁決過程中他的證詞起到了決定性的作用。

事情圓滿結束了。專利權受到了具有強大法律效力的判決結果的嚴格保護。那些侵犯專利權的人終於付出了慘痛的代價，瓦特和波爾頓也得到了一筆巨大數額的發動機專利稅。然而，仁慈的勝利者是不應該再對已經倒下的對手進行懲罰的。瓦特和波爾頓開始考慮是否可以找到一個方案能使各方都獲益，他們後來開始屢次翻看那份專利說明書。

西元 1800 年，瓦特與波爾頓簽訂的那份為期 25 年的合作合同到期了，而發動機的專利權也馬上到期。他們剛開始合作時，波爾頓是 50 歲，瓦特是 40 歲，現在，他們開創了屬於自己的輝煌事業，而二十多年的艱苦勞作，也讓他們都感到身心俱疲，不過年輕人也已經成長了起來，是時候該把生意交到他們的手中了。於是，孩子們從他們手中接過了「接力棒」，他們

的下一代順利地延續了他們的合作關係，小詹姆斯‧瓦特、馬修‧羅賓遜‧波爾頓以及葛列格里‧瓦特出現在了合夥人的名字上。

毫無疑問，瓦特和波爾頓在確定繼承人這件事情上是非常明智的。他們把眼光放在了事業的長遠未來，及時地為年輕人提供了鍛煉的機會。他們對此有著清醒的認知，如果任由孩子們在一些毫無意義的事情上浪費掉寶貴的青年時代的時間，那麼他們到了晚年時，一定會追悔莫及，所以，一定要讓他們儘早投入到有價值有意義的事業當中。

西元 1800 年，瓦特和波爾頓的合作到期後，他們便把生意交給孩子們來打理。然而不幸的是，4 年後小兒子葛列格里‧瓦特夭折了，這再次使他受到了沉重的打擊。葛列格里在科學和藝術方面很早就顯示出了出眾的才華，若不是因為過早去世，他一定能跟他那兩位夥伴一起在索荷開創一番事業，再過 40 年後，當他們兩鬢斑白的時候，也將會功成名就，就像他們的父輩那樣。接班之後沒幾年，這幾個年輕人就展現出了他們優秀的商業才華，儘管專利已經到期，發動機的製造技術也已經向社會公開了，但是索荷製造廠的運營狀況卻要好於以往任何一個時期。這對於瓦特和波爾頓而言無疑是非常大的安慰，孩子們用行動將老一輩之前的種種顧慮消除了，也使他們對事業的未來充滿了信心。

　　由於有年輕一代英明的領導，索荷製造廠的事業蒸蒸日上。西元 1810 年，默多克又被他們吸納為合作人。默多克在工人們之中的聲望非常高，多年來一直忠心耿耿於瓦特和波爾頓，也一直是瓦特跟前最得力的助手，更是瓦特他最信賴、器重的人，他的能力早已能夠獨當一面，他獲得這個年薪 5,000 美元的職位也是眾望所歸。默多克在 1830 年退休了，之後他過上了平靜的生活，1839 年，他以 85 歲的高齡告別了人世。人們將默多克的遺體安葬在了漢茲沃思教堂，陪伴著他的雇主，也是他最好的朋友瓦特和波爾頓（每個人都應該向他致以最崇高的敬意）。在墓穴上方聳立著一座半身像，那是錢特利為他雕的，雕像栩栩如生，展現了他光輝偉岸的形象，好像在向人們訴說著往昔的歲月。我們可以想像得到這些好友在另一個世界裡生活的場景，當瓦特和波爾頓說：「做得很好，真是個誠實可靠的人！」如果還有誰能擔得起這樣的讚賞，那麼這個人就是默多克，當然還有鍾斯也是這樣的人。

　　前面提到過，瓦特之前曾經設計過船用的發動機螺旋槳，西元 1770 年 9 月，在寫給斯莫爾博士的信中，他還寄去過一張草圖。而實際上，喬納森・哈爾斯是有明確紀錄的最早從事蒸汽船研製的人，1736 年，他在一本小冊子裡提到過「我設計出了一種客貨兩用拖船，它可以在無風、逆風或者逆流的條件下進出海港、港口或河流」。1737 年，他又研製出了一艘大型遊

艇，而它是利用紐科門發動機驅動的，然而，這方面的研究在接下來的很多年裡卻一直停滯不前。說到這個問題，威廉森先生講道：

1816 年，瓦特先生在最後一次回老家格里諾克的期間，沃爾金肖先生曾駕駛汽船進行過一次這樣的長途航行：從格里諾克出發，駛到羅斯之後，再返回格里諾克。這次航行他用了大約一整天的時間，這件事我也是幾年後才聽說的。後來，瓦特先生在跟造船師沃爾金肖先生交流中，曾向他提出了「用發動機驅動船隻」的辦法，雖然瓦特先生反覆向他講解，但是沃爾金肖先生還是弄不明白。最終，瓦特先生抑制不住內心的激動，為了說明這個想法是可行的，他把外套脫掉，開始動手親自安裝發動機。由於當時人們對汽船發動機的返回衝程仍然知道的非常少，考慮到發動機停止之後速度會有一個逐漸降低的過程，因此，關閉發動機的時間必須是在船隻抵達泊位之前。

到了西元 1856 年，克里米亞戰爭結束時，英國皇家海軍已經得到了前所未有的發展。雖然當時每 250 艘戰艦之中仍然有 10 艘戰艦沒有採用蒸汽動力，但是幾乎其他每艘艦隻都已經安裝了蒸汽發動機，這對於瓦特而言，絕對是種巨大的褒獎。瓦特剛開始對蒸汽機車產生興趣是因為很多年前羅比森跟他提起過這個想法，這麼多年，他對這項技術的進展一直都很關注。1768 年 8 月 12 目，在給瓦特的信中斯莫爾提到「對蒸汽機車的研究有了新進展」。過了幾個月，他告訴瓦特「有個叫莫爾的人

已經獲得了一項蒸汽車的專利，您很遺憾地晚了一步，如果您盡快申請就好了。」瓦特反駁說：「如果那個亞麻布商人莫爾沒有採用我的發動機，他就完全不能說那是輛蒸汽車。」問題的實質這就是：不管是蒸汽車還是蒸汽船，它們都離不開蒸汽機這個必不可少的動力支持。1786 年，瓦特製造出了他的第一臺蒸汽車，測試前他心情忐忑地安慰著自己：「但願上帝可以幫我創造一個奇蹟」。每馬力需要承受兩立方英尺水和 20 磅煤炭的重量，他對此確實心存疑慮。

當時處於半退休狀態的瓦特對油燈產生了濃厚的興趣。西元 1787 年 8 月，他給阿爾甘燈的發明者弗朗索瓦・阿爾甘寫信，其中提到他成功地對油燈進行的一系列改進。

1788 年，瓦特發明了一種液體比重計，後來被人們廣泛使用。

一種用於測距的望遠鏡是瓦特的另一項重要發明，他曾將其用在運河勘測方面。這種測量方法直至今天仍在沿用。布拉夫在其著作《礦業》中提到：「這個領域最初採用的勘測器具就是詹姆斯・瓦特先生在 1771 年發明的。」

在閒暇時間，瓦特還發明了一種精巧的器械製圖儀，這種儀器由兩組平行直尺構成，不過當時使用它的人極少。據他本人說，這種器械製圖儀共製造了 50 到 80 臺，並且銷往海外。

西元 1810 年，瓦特在給貝托萊的信中提到，因為健康問

題，他已經有好幾年都沒做過化學實驗了。然而，他是個閒不住的人，必須得時刻研究些什麼東西，就像他的那句口頭禪，「如果沒有嗜好，那麼生活還有什麼意義？」但我們必須得說，瓦特多年來好像已經把愛好和工作融合在了一起。

雕刻拷貝機是瓦特接下來的又一項「愛好」，很明顯這更加引人入勝，他眼中的這種「小玩意兒」曾被人們廣泛使用，在巴黎他親眼看到過用雕刻拷貝機來複製紀念章和圖紙。繁忙的工作之餘，他還曾用這種雕刻拷貝機分別為洛克和亞當斯密製作過一大一小兩件精美的半身雕像。

瓦特將自己的大部分時間和精力都用在了頂樓的那間工作室裡，但是工作室裡「冬冷夏熱」，簡直讓人無法忍受。西元1810年3月14日，瓦特在給貝托萊和勒維克的信中寫道：

現在，我只是在精力允許的情況下做些實驗和研究，不過，可以時常和法國的朋友們聯繫，這讓我覺得非常愉快。

西元1814年，瓦特又製作出了幾件雕像，很精美。莎芙[56]的雕像是其中一件，他花費了很長時間才製作完成了多達39個部位的部件。之後，有些嚴守安息日的人發現，在如此神聖的日子裡他們的這位鄰居瓦特居然還拿著鑽孔機「對著女性的胸部忙個不停」。鄰居們大部分是蘇格蘭誓約派，顯然他們對瓦特的

---

[56] 莎芙，約西元前630或612～約前592或560年，古希臘抒情詩人，第一位女詩人。

行為是無法容忍的，於是，平靜的生活被打破了。由於瓦特當時的健康狀況並不穩定，而且長期被迫不能進行化學實驗，好像只有那些雕像是他僅剩的生活樂趣了。1811 年 2 月 3 日，是個星期日，對於瓦特來說這天很可能是個暴風雨襲來的日子，「遊手好閒的人總會做些壞事」——希望人們能夠理解對於一位已近遲暮之年的老人而言，那些興趣愛好是多麼重要，就算是在神聖的安息日，他也無法抗拒它們的誘惑。

　　現在距離瓦特逝世已經將近一個世紀了，他一生中最後的階段工作時使用的實驗室向民眾開放了，裡面的陳設和當年一樣。世界各地來的人們蜂擁而至，和莎士比亞的誕生地、伯恩斯故居、司各特的修道院等地一樣，每年都吸引著數千的遊客到訪。在這裡，我也推薦讀者們去那間位於頂樓的工作室參觀一下，來表達我們後人對這位先賢的景仰與懷念。

第八章　蒸汽機檔案

　　截止到西元 1824 年 1 月，索荷製造廠總共生產了 1,164 臺蒸汽機，額定功率為 25,945 馬力；1824 年 1 月至 1854 年期間共生產了 441 臺蒸汽機，額定功率為 25,278 馬力；合計 1,605 臺，額定功率 51,223 馬力，實際功率 167,319 馬力。

　　西元 1888 年，據霍爾 [57] 統計，全世界運轉的發動機總功率是 5,015 萬馬力，這個數字在 1880 年還只是 3,415 萬，8 年間增長了 50%。假定從 1888 年到 1905 年增長率相同，那麼現在全世界的發動機總功率是 7,500 萬馬力，根據恩格爾的推斷這個數字只是實際功率的一半（霍爾《蒸汽機》），那麼實際功率將達到 1.5 億馬力。1 馬力的發動機在 1 分鐘內能將 10 噸的貨物提起 12 英寸，工作 8 小時就能提起約 5,000 噸的貨物，這是一個工人每日工作量的 12 倍，如果發動機全天都保持穩定的運轉，那麼就可以完成 36 個工人的工作量。不過考慮到可能會出現故障，所以將其定為 30。現在大型遠洋船隻的發動機功率差不多是 35,000 馬力，根據前面得出的 1 馬力發動機相當於 12 人的工作量，如果採取每日 3 臺發動機輪換的策略，那麼 35,000 馬力發動機全速運轉，就可以承擔 126 萬人或者 105 匹馬的工作。假設全世界所有的發動機平均每天工作 16 小時，那麼實際功率合計為 1.5 億馬力的發動機就可以承擔 36 億人的工作，而現在世界的人口總數只有這個數字的 1/5，主要承擔體力勞動的男性

---

[57]　赫伯特・霍爾（Edwin Herbert Hall），西元 1855 至 1938 年，美國物理學家，「霍爾效應」的發現者。

又只占這個數字的 1/10。

如果我們假設發動機與工人和馬匹工作的時間一樣，平均每天工作 8 小時，那麼全世界總共弄 1.5 億馬力的發動機，也可以將相當於 18 億人或者 1.5 億匹馬的工作量完成。

據恩格爾估計，西元 1880 年世界範圍內蒸汽機創造出的產值差不多是 320 億美元，在 1888 年這個數字達到了 430 億，而現在，飛速增長的這個數字已經超過了 600 億美元。

現在美國和英國是最主要的蒸汽機使用國。1888 年，美國是 1,440 萬馬力，英國是 920 萬馬力。如果把英國殖民地和屬國的 720 萬馬力也加上，那麼英語國家的發動機使用量將占到全世界的 3/5。

西元 1840 年時英國發動機使用量是 62 萬馬力，美國是 76 萬馬力，全世界的總和也僅僅是 165 萬馬力。而現在已經達到了 7,500 萬馬力。發動機使用範圍快速擴展，差不多只要有人的地方，就可以見到它們的身影。

在世界的歷史上，還沒有過哪一種發明像發動機這樣，以驚人的速度覆蓋了世界的任何一個角落。我們實在無法想像未來會是怎麼樣的情況。人類的生產生活方式因蒸汽機的普遍應用而發生了革命性的改變，在世界範圍內都產生了長久而又深遠的影響。

我們現在拿瓦特和紐科門的發動機比較一下。紐科門發動

機每馬力需要耗煤 28 磅，每分鐘最多完成 3 到 4 個衝程，活塞每分鐘的行程差不多是 50 英尺。

現在的船用蒸汽發動機，每馬力耗煤差不多要 1.3 磅，螺旋槳每分鐘轉 70 到 90 轉。驅逐艦上的發動機能夠達到每分鐘 400 轉。小型蒸汽機的轉速已經能夠達到每分鐘 600 轉。在長度為 3 英尺的汽缸中，活塞行程一般是每分鐘 1,000 英尺，這相當於 166 個衝程。現在鍋爐燃煤的價格差不多是每淨噸（2,000 磅）1 美元，約合 5 磅 1 美分，所以一臺 1 馬力的發動機運轉一整天的燃煤成本，也不過是 8 美分。

與蒸汽機的大量應用同時發生的是無數的工人和馬匹正在被淘汰。現在功率最大的發動機的功率已經達到了 10 萬甚至幾十萬馬力。64,000 馬力的大型輪船使用發動機也正在建造中。這些驚人力量的來源都是一種平凡得不能再平凡的物質 ── 冷水，只是這巨大的威力只能在科學的發現、聚集和管控後，才能發揮出來。沒人會給蒸汽機命名，它們也沒有夥伴和同事。富蘭克林將閃電「捕獲」、摩斯用電報來消除空間的距離、貝爾的電話讓聲音穿越空間，這些彷彿都充滿了神祕，但是實際上它們和瓦特透過加熱冷水獲取能量發明蒸汽機是如出一轍的，它們全都是人類智慧的結晶，都給人類提供了創建美好生活的力量。

蒸汽機的功率是不是已經達到極致了，將來能不能進一步

發展汽油、石油以及別的可替代性能源，科技領域就這個問題已經展開了廣泛的爭論。隨著人們突破了一個個技術上的障礙，這方面的研究也都有了卓有成效的進展，而且現在汽油和石油已經逐步進入市場。不過我認為，因為煤炭資源非常豐富，所以在相當長的時期內，蒸汽還會是最主要的動力來源。而且人們好些也容易安於現狀，並沒有太多提高燃煤效率的動力，如果哪一天蒸汽機每馬力的耗煤量降到了 1 磅，那將成為一個世界性奇蹟，就像阿拉戈說的：「腦子裝滿了投機想法的人，根本意識不到那些看起來完美無缺的計畫和現實之間存在多麼巨大的差距。」的確是這樣！實際上瓦特已經清醒地意識到了，蒸汽機必須要繼續改進，但是實施與設想根本不是一回事，當然，最好的「決心」就是「行動」。

　　蒸汽機當之無愧地成為了蘇格蘭人的驕傲，當然它並非這個民族為世界工業的發展做出的唯一一項貢獻。瓦特發明了蒸汽機，後來的人又一步步對其進行發展完善。威廉・森明頓將蒸汽機搬到了水上，發明了蒸汽動力拖船；史蒂文生又將其搬上了鐵軌，發明了動力機車。人類的生活中無處不有蒸汽機的轟鳴聲，生活方式正在經歷著一場前所未有的變革。瓦特和森明頓都在蘇格蘭出生，而且他們的家鄉只離著幾公里。史蒂文生的祖先從蘇格蘭遷到了紐卡斯爾，富爾敦的父母從蘇格蘭遷居去了美國，所以史蒂文生和富爾敦雖然遠離故土，但蘇格蘭

人的血液依然在他們身體裡流淌著。

　　這三位偉大傑出的發明家用他們的天賦與智慧讓歷史的發展軌跡發生了改變。西元 1791 年，蘇格蘭全國的總人口不過 150 萬，只有紐約市的一半多，但是就是在這樣一個毫不起眼的小國當中誕生了三位享譽世界的偉人，當然還有再往前的華勒斯、布魯斯和伯恩斯。西元 1782 年，瓦特式蒸汽機誕生；1801 年，「夏洛特‧鄧達斯」號的發動機轟鳴聲在克萊德運河上響起；1814 年，史蒂文生帶著人類開始駛入鐵路時代。32 年間，瓦特式蒸汽機已經徹底征服了海洋和陸地。

　　什麼樣的土壤才能養育出這些創造歷史的偉人，歷史在向我們訴說著一切。荊棘叢生的土地鍛造出了偉大的開拓精神，貧窮的生活孕育了奮發的特質，壯美的山河讓思想的火花碰撞，民族為了獨立自由而奮鬥幾個世紀的歷史塑造出了堅忍的性格，義務教育體系的建立讓知識與智慧播撒給了所有的人民，所有的這一切都融入在蘇格蘭人民的血液裡，讓他們得以在人類發展史上豎立起一座座不朽的豐碑。

　　關於瓦特的宗教信仰和政治觀點，人們知之甚少，就算是那些歷史學家也是一樣。威廉森的《瓦特的年代記》中記述了不少他從瓦特的老家格里諾克的人們那裡聽來的趣聞逸事。其實是否將這部分內容記錄下來他也猶豫過，畢竟它們並非正統的說法，而且這樣做涉嫌刻意吸引讀者眼球。威廉森說：

是什麼樣的環境孕育了那顆天才的頭腦和高貴而純潔的靈魂，人們對此非常渴望了解。由於缺乏關於瓦特的精神及宗教生活的詳細資訊，我們自然而然地會發掘他的早期生活而尋找答案，去格里諾克人那裡對這位偉人的祖先進行了解，走進這位偉人的童年還有青少年時期。讓我們珍惜這些寶貴的記憶吧，這些來自瓦特當年的鄰居以及別的熟人口中那些樸實而真摯的話語，為我們勾勒出了一個光輝優秀的形象。

　　不守安息日的行為表示在瓦特的意識中主流宗教信條正在一點點枯竭，他對加爾文宗推崇的權威至上和極端的預定說已經產生了強烈的質疑，轉而相信現實的「生活奮鬥」。

　　威廉森之所以這樣懷疑，依據是瓦特從來不去教堂，西元1788 年 7 月，瓦特在寫給德魯克的信裡也說了，他雖然是伯明罕地區長老會的成員，但是從來沒有去過教堂做禮拜。

　　瓦特、普利斯特里以及其他「圓月學社」的成員們在宗教上的觀點，似乎更接近伯恩斯，他可能是接受了迪安・斯坦雷在聖安德魯斯大學校長就職演說中給學生們的建議：「學習神學就去找伯恩斯吧。」瓦特始終信仰堅定，這一點從他 76 歲時寫的一封信中就能看出來。

　　謹小慎微的瓦特對政治始終是消極逃避的態度。法國大革命爆發的時候，小詹姆斯・瓦特正在巴黎，這個馬上就熱血沸騰的年輕人宣稱這是自由和理性的勝利。瓦特自然也「難辭其

咎」，英國當時的首相伯克就對他譴責，說他是「令人遺憾的激進分子」。米爾黑德覺得這是不公正的譴責，因為瓦特當時在伯明罕，而他那個發表了激進言辭的兒子卻在遙遠的巴黎。

　　法國大革命強烈地衝擊英國社會的思潮，特別是英格蘭北部和蘇格蘭南部地區。「圓月學社」的成員們也為此無比激動。西元 1788 年夏天的一次聚會上，波爾頓的兒子對法國大革命前的社會狀況進行了繪聲繪色的描述，他之前曾在法國待了很長時間，剛剛從巴黎回到伯明罕，那次聚會瓦特和普利斯特里也參加了。

　　幾個月後爆發大革命。一天晚上，普利斯特里的兒子，年輕的哈利·普利斯特里衝進客廳，一邊叫嚷一邊揮舞著他的帽子：「好哇！自由！理性！手足之情！萬歲！打倒國王和神職人員的權術！人民的王國萬歲！法蘭西自由了！」

　　普利斯特里先生在為這場人權事業的偉大勝利，為國民大會將王權、貴族及教會的統治廢除而振臂歡呼。他開始與伯明罕當地的神職人員就教義的問題進行頻繁的爭論，還寫了一本關於法國大革命的小冊子，這些行為讓他在下議院被首相伯克嚴厲地抨擊。

　　公開對法國革命表示支持的普利斯特里自然就成了反對者眼中的「焦點人物」。法國革命兩週年的時候，這位狂熱的「革命派」錯誤地舉辦了一場公共慶祝宴會，雖然很多人經過一番

慎重考慮後對他的邀請表示婉言謝絕，但是還有多達 80 位社會名流出席了這場宴會。宴會最終引起了一場騷亂，「暴徒們」聚集在街上，高喊著「去新教堂」，他們搶劫並焚燒了兩處教堂，隨後又衝進了他的家，把他的房屋、化學實驗室、儀器和書籍資料都燒了個精光，萬幸的是，接到警告的普利斯特里全家出事前不久就逃走了。伯明罕另外一些社會名流也在這場騷亂中損失慘重，這裡面有為伯明罕市政建設作出突出貢獻的賴蘭先生、銀行家泰勒先生還有德高望重的書商哈頓先生。

「暴徒們」還闖進了「圓月學社」的成員威靈博士家，幸虧軍隊及時趕到，他才算躲過一劫。騷亂中那位狂熱的「革命派」普利斯特里自然是首當其衝的。「暴徒們」高喊著「教會萬歲！王權萬歲！」大肆焚燒搶劫。瓦特和波爾頓的索荷製造廠戒備森嚴，他們召集了工人們，告訴了他們事件的真相，並發放了用於自衛的武器，他們同時也做了最壞的打算，收拾好行李，做好了萬不得已的情況下撤離的準備。

西元 1791 年 7 月 19 日，瓦特給德魯克先生寫信說：

我們的態度是擁護政府，反對那些共和派的，應該在那場騷亂中得到保護，但是我們卻被迫將安危寄託在城市南部的那些獨立教派人士身上，因為他們看起來並不在意宗教信仰和派別。在那段時間長老會成員的身分給我帶來了不少麻煩，實際上我從來沒有去過伯明罕的教堂做過禮拜，而波爾頓先生卻是

位遠近聞名的教士。我們當時已經做了最壞的打算，行李都收拾好了，好在很快秩序就恢復了，現在終於能鬆口氣了。

從這封信中能夠看出，當時激進派的思想已經在很大程度上影響到了伯明罕地區的官員，這很可能是因為這種思想對「圓月學社」周邊地區的影響力比別的地區大，儘管在倫敦及主要大城市中也存在激進派的支持者。

瓦特在政治場合拋頭露面，一生只有一次，那是在西元1784 年，當時他帶頭發表演說，對法國首相皮特在國王授意下制定的一項針對煤炭、鐵礦石、銅及其他工業基礎原料的徵稅政策表示反對，法國政府將會因為此項政策每年得到 500 萬美元的稅收，對正處於起步階段的製造業而言，這的確是非常沉重的負擔。波爾頓也在反對者的陣營中。他們犀利地指出，對於一個工業化國家而言：「對基礎原料徵稅就等於自取滅亡；絕對不能用納稅人的血汗去滿足貴族們窮奢極欲的生活；絕不能使用這樣的手段斂取財富；絕對不能做殺雞取卵的事情。」

瓦特的呼籲得到了很多的支持，他還起草了一份和商品流通有關的文件。而那項徵稅政策也被廢除了，皮特也轉而對亞當斯密的《國富論》進行研究。當時英國已經全面推行自由貿易的政策，這讓它能夠生產出成本最低的商品，很快就確立了全球製造業中心的地位，也因此成為世界第一強國。美國的製造業不久也迅速成長起來，並且後來居上，發展為世界的工業中

心，美國政府這時候自然也會宣導自由貿易，並要求別的國家開放市場。

「將製造業的生產成本降低，為其創造最好的成長環境」——瓦特和波爾頓的建議也就是自由貿易政策的核心，從這個意義上來說，瓦特還是個非常有眼光的經濟學家。

小詹姆斯‧瓦特成為政治觀點激進的共和派，這讓瓦特非常焦慮。後來他還和曼徹斯特的庫珀先生擔任「憲章學會」的代表，去巴黎作了一次演說，祝賀雅各賓俱樂部。年輕的小詹姆斯沒多久就和雅各賓派的領導者交往密切。他在丹東和羅伯斯比爾之間的一次鬥爭中，站在丹東一方開展斡旋，從而制止了一場流血事件的發生。但是他卻因此給自己樹立了羅伯斯比爾這樣一位可怕的敵人，這讓他的處境變得很危險。

小詹姆斯‧瓦特設法逃回英國後不久，國王的衛隊也到了伯明罕，並開始大肆抓捕那些有過煽動性言論的共和派支持者。瓦特建議波爾頓讓兒子暫時去美國或其別的國家避一避。不過這次瓦特是多慮了，兒子一點衝擊都沒受到，局面很快就平息了。隨後，小詹姆斯開始與小波爾頓合作，一起管理索荷的事業，他出色的管理才能由此展現。今天，如果我們重新審視一下小詹姆斯‧瓦特當年溫和的共和主義思想、與雅各賓派領導人的密切交往，特別是敢去干涉法國大革命兩位主要領導人之間的鬥爭，這全是「年輕不成熟」的表現。而實際上謹慎的

瓦特的政治觀點也和兒子一樣的，並為兒子的行為感到驕傲。實際上，身為新興科技成果的直接受益者，瓦特自然要堅定地擁護新興資產階級，所以為什麼伯恩斯大聲疾呼「人權」、「人民的王國」時，首相也譴責瓦特是「令人遺憾的激進分子」就很好理解了。

在英國，法國大革命激起的反對對君主制的聲音也在一點點平息，到喬治四世的時候就完全消失了。現在的君主立憲制是在維多利亞女王時代開始確立的。法國人民透過暴力與流血的方式將君主制廢除，而英國則透過「光榮革命」實現了政權的平穩過渡。因為「君權神授」的思想，國王的政治地位依然顯赫，這一點也得以沿襲了，只是需要根據人民的意志有效地限制君主的權力。

君主立憲制是以保留君主為前提，透過立憲將人民主權的確立，對君主的權力進行合理的限制，由此實現事實上的共和政體。國王在這種政體下是一個國家的「象徵」，實際的行政權力掌握在內閣和議會手中，國王雖然並不掌握實權，但還是可以影響到社會生活的方方面面。內閣組成需要得到國會下議院的批准，而下議院的議員由全體人民選舉出來的。所以，英國政府是可以作為「最廣泛人民的意願」的代表的。

君主立憲制的確立，象徵著瓦特那個時代的社會改革家們實現了他們最根本的政治訴求，英國成立了一個代表人民利益

的政府，這個政府是真正按照人民的意志組成的。英國人民實現了自己的意願，是透過和平的方式。而法國與英國之間最重要的區別，就是革命還是改革。

美國在上世紀也經歷了一場和英國類似的政治改革，只是更為平靜 —— 改革形式上比較鬆散且擁有各不相同法律的邦聯，組成統一的聯邦政府，而且此項改革到現在方興未艾。過去的一些年，聯邦政府的影響力越來越強，一部分獨立州也逐漸向華盛頓靠攏。出臺州際貿易法案讓全北美大陸都感受到了華盛頓的強大號召力，各個州之間相互獨立的法律也逐漸開始朝協調統一發展。在這場改革中，婚姻法、破產法以及別的不少之前有分歧的重要問題都有望得以解決。改革完成之後，每個州法院都將在聯邦最高法院的絕對領導下使用統一的司法準則，這對於全體美國人民實現社會生活的統一是必不可少的。

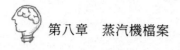

第八章　蒸汽機檔案

第九章　遲暮之年

　　時光荏苒，瓦特告別奮鬥前進的青壯年時期，步入了晚年，在財富與榮譽的光環裡過上了安逸而平靜的生活。而與他性格大不相同的波爾頓雖然已是年逾古稀，卻依然擁有旺盛的精力，還在忙著各種生意上的事務，並且樂此不疲。

　　退休後的瓦特則躲進了頂樓的那間工作室，隨心所欲地研究各種實驗，他那擺脫了名利困擾的生活變得自在逍遙。西元1802 年，重遊巴黎的瓦特在那裡和朋友們度過了愉快的 5 個星期。晚年的瓦特比以往哪個時期都熱衷於旅行，他的腳步走遍了英格蘭、蘇格蘭還有威爾斯。他後來在威爾斯買了一處農場，那裡擁有令人神往的鄉間優美環境，瓦特好像又回到了童年時在蘇格蘭老家過的寧靜安逸的生活，他在花園裡養花，種樹，漫步在青翠的林間，清新的空氣中飄蕩著芬芳的泥土氣息，繁茂的林木覆蓋著群山，清澈的溪水在山谷之間歡快地奔流，感受著大自然的和諧與完美，感受著孩子一樣的純真快樂，他聽到了自己心靈深處的聲音。

　　我們好像看到一位老人於山水之間徜徉，若有所思地輕聲吟唱著那些流行久遠年代的歌謠：

　　因為我學會了如何看待大自然，不再像青年時期；不用頭腦，而且總聽到人生的樂聲，低柔而憂鬱不刺耳，不粗糲，卻有充沛的力量，讓人沉靜而服貼。我感到有什麼令我驚起，它給我帶來了崇高思想的歡樂，讓我有一種超脫之感；像是有高

度融合的東西，來自落日的餘暉，來自海洋和清新的空氣，來自藍天和人的心靈；一種動力，一種精神，推動所有有思想的東西，所有思想的產物，穿過所有東西而運行。因此我依然熱愛草原、森林、山峰等所有能在這片綠色大地上見到的東西。

瓦特對和政客們打交道是極為厭煩的，他曾兩次接到擔任郡行政長官的要求：西元 1803 年的斯塔福德郡，1816 年的拉德諾郡，但是都被他斷然拒絕了。

後來瓦特發現公開宣布自己並非英國國教信徒，而是蘇格蘭基督教長老會的成員是很有必要的。

西元 1816 年，已經 81 歲高齡的瓦特健康狀況依然很好，只是精力大不如前，我們只能慨嘆任何人都無法抹去歲月的痕跡。

在這十幾年的時間裡，「圓月學社」的好友們也陸續離他而去，這讓瓦特極度地悲慟，他也因為交際圈的迅速縮小覺得越來越孤獨。1794 年，瓦特曾經的合夥人羅巴克先生逝世；1799 年，最親密的朋友、多年來始終給予他堅定支持的布萊克博士及「圓月學社」的好友威靈先生先後逝世；1802 年，達爾文博士去世；1804 年，小兒子葛列格里・瓦特不幸夭折；1805 年，瓦特格拉斯哥大學的好朋友羅比森逝世；1808 年，貝德多斯博士逝世；1809 年，瓦特最親密的合夥人波爾頓先生逝世；1811 年，威爾遜博士逝世；1817 年，德魯克先生逝世。那些年中離世還

有很多科技界和商界的熟人。瓦特感傷異常地說：「朋友們一個個都走了，只有我一個人在世間孤獨地行走，突然覺得這個世界如此陌生。」

西元 1802 年 11 月 23 日，瓦特給波爾頓寫信：

老友們的相繼離世讓我非常感傷，我們的朋友圈子正越來越小，後來結識的幾位新朋友也相繼離開了我們，可能上帝將我們在世間的友情剝奪是明智的，這樣我們就不會帶著遺憾離開這個世界。

西元 1810 年 7 月 12 日，瓦特寫給一位老朋友的信中這樣說道：

我對上帝的恩賜表示由衷的感激，讓我在如此高齡還有著健康的身體，而大多數和我同時代的人，甚至一部分健壯的年輕人都已先我而去。雖說「人死不能復生」，但是目睹眾多親友離去不能不讓我肝腸寸斷；不過既然仁慈的上帝對我們特別眷顧，那我們就應該在有生之年，盡力多做一些對社會有意義的事情。

西元 1812 年 1 月，已是 76 歲高齡的瓦特在一封信中這樣寫道：

學者們能夠給予世人的一切都源自於他們的科學信仰：先賢們已先我們一步離去，但是他們把珍貴無比的精神和物質財富留給了他們的朋友和全世界。

華特·司各特男爵說：

生活中遇到的挫折也就這幾種：如果腿腳不好，我可以進行一些短途旅行；如果視力不好，我可以戴眼鏡或看那些大號字體的書籍；如果聽覺不好，我會安慰自己那無非讓我在有些場合少聽到幾句話而已；但如果沒有了夥伴和朋友，我的生活將變得一片黯淡。

為了能讓整個家庭生活富足，瓦特辛苦奔波多年，最終因事業獲得成功而名利雙收，退休後，他終於可以過上安逸的生活了。他也有足夠的錢對那些曾關心幫助過自己的人了進行回報。首先進入瓦特的視野的，自然就是家鄉還有格拉斯哥大學。

西元 1808 年，在格拉斯哥大學瓦特獎學金設立大會上，瓦特致辭：

我在格拉斯哥大學曾度過了一段十分愉快的時光，在和校方進行友好協商之後，我希望透過設立這項獎學金的形式，把我的感激之情永遠留在這裡，並激勵格拉斯哥大學的同學們投身研究物理學和化學；我認為，它們都是對社會的發展和進步擁有極高價值的學科。

西元 1774 年，格拉斯哥大學授予瓦特榮譽法學博士學位，並將該校的工程技術實驗室用他的名字命名。

西元 1816 年，瓦特捐贈了一批科學書籍給格里諾克鎮，希望可以給家鄉的年輕人建起一座圖書館，讓他們可以接受科

學知識的薰陶，變成高尚而博學的人，從而成就一番偉大的事業。這座圖書館共有 15,000 冊藏書，是小詹姆斯‧瓦特按照父親的遺願建立的，一座宏偉的瓦特雕像矗立圖書館的門前。這裡目前是格里諾克鎮教育中心。

不少國家都將最高的褒獎頒給了這位偉大的發明家。西元 1784 年，瓦特當選愛丁堡皇家學會會員，1785 年當選為倫敦皇家學會會員，1814 年當選法蘭西科學院外籍院士，法蘭西科學院的外籍院士只有 8 位之一，瓦特是其中之一。

瓦特的品格謙遜而清高，從來都不會炫耀自己，只是謙虛謹慎、默默無聞地安於工作，實際上，就像米爾黑德說的那樣，這位發明家從來都不缺少榮譽和掌聲，但「在沒有旁證的情況下，借給了上帝錢，他是從來都不敢奢望向上帝索債的」。

西元 1819 年秋，剛結束倫敦旅行的瓦特病倒了，而且很快就能看出他已經時日不多。這位老人面對死亡平靜而淡然，回首過去，自己一生謹慎勤勉，想到死亡，他無所畏懼。

「瓦特總因仁慈的上帝把壯麗的事業和無數的財富與榮譽賜予他這樣一個平凡的人而虔誠地表示感激。」西元 1819 年 8 月 19 日，瓦特在家裡安詳地走完了人生的最後時刻，享年 83 歲，有幸與他相識的人們全都無比悲慟。家人和朋友將他安葬在了漢茲沃思教堂，這裡作為他的安息之所再合適不過，他終生的朋友和夥伴馬修‧波爾頓也在這裡長眠，這兩位「戰友」數十載

風雨同舟,「生前一起走過了一段難忘的光輝歲月,死後也決不分離」。

　　瓦特和波爾頓在長達 25 年的合作歲月中,歷經種種磨難但始終彼此信賴、並肩合作,一步一步地將事業推向巔峰;他們退休之後,年輕一代繼續延續父輩的精神,精誠合作,讓上一代的榮耀得以延續;在世界工業發展史上,索荷製造廠也寫下了屬於它的輝煌一頁;他們生前肩並肩地奮鬥,死後在另一個世界依然形影不離;還有他們無比忠誠的夥伴默多克,在多年之後也來陪伴他的雇主和朋友;這種偉大的情誼讓我們感到震撼,先賢們的高貴品格讓我們折服,後人可能再也無法擁有如此友情,但是我們應該窮盡一生去爭取。

　　瓦特的逝世引起了英國各界的震驚和悲慟,倫敦西敏寺舉行了一場十分隆重的悼念大會,首相親自主持大會。大家向這位偉人致以最崇高的敬意,他為社會發展作出了不朽的貢獻,人民將永遠記住他卓越的成就、高貴的品格還有積極服務公益事業的愛心。

　　西敏寺中,一座巨大的瓦特紀念像高高地聳立著,碑文是布魯厄姆勳爵親自撰寫,那是一篇光輝而燦爛的文字:

並非為了讓一個名字不朽

因為這需要時間的考驗

而是展示一位值得每個人永世感激的人

國王陛下

大臣，官員，社會名流及各界人士

為紀念詹姆斯・瓦特特立此碑，以彰其行

他展現了人類智慧的力量

他是物理學研究的先行者

他改良了蒸汽機

武裝了人類，

讓虛弱無力的雙手變得力大無窮

他是最偉大的科學家之一

他施恩於全世界

1736 年生於格里諾克

1819 年卒於斯塔福德郡希斯菲爾德

第十章　瓦特

——發明家與發現者

前面幾章已經對瓦特一生從事的工作進行了詳細的描述，在這裡，我認為以科學權威的角度來對他的功績進行評判是有必要的。下面是幾位權威人士對瓦特的評價。

✦ 布魯厄姆勳爵：

瓦特先生的確是位才華橫溢的偉人。他在很多領域都有著極高的造詣，他擁有高深而廣博的創造才能，他那強健而活躍的思維總會讓我們無法跟上。在我看來，他的思維就像大象的鼻子，既能夠捲起細小的稻草，又可以把大樹連根拔起。瓦特先生是一位能夠駕馭自然力的強者，一位引領時代進步的能人，他既可以抓住龐然大物，又可以感觸到最微小的東西。他的智慧能夠將堅硬的岩石劈開，為人類引出甘甜清澈的泉水。當然，聯想到那種神奇的、改變了世界面貌的機器，任何一個熟悉瓦特先生的人都會陷入沉思，都會為這種偉大的創造力所震撼。他是位慈祥、睿智學者，深受人們的愛戴，他卓越的才華裡永遠飽含著一種最淳樸的品格。他有健全人類的大腦及處理所有難題的能力。他的才華和想像力無所不包，將智慧的印記留在物理學、化學、地質學、機械學、天文學等諸多領域。嚴謹的科學態度、精湛的工藝技術、卓越的藝術想像力、深厚的古典文學素養還有縝密的批判性思維，在瓦特先生身上實現了完美融合。

在眾多發明家中，瓦特先生身上有一種特質，是尤其值得後人尊敬並加以效仿的，那就是他為人胸懷坦蕩，對朋友和夥伴從來沒有任何嫉妒之心，在事業上從來都是小心謹慎、恪盡

職守。他面對榮譽與讚揚時，心態永遠都是那樣的平靜淡然，總是謙遜地躲到幕後。就我本人所了解的，瓦特先生曾多次對享有蒸汽機發明者的榮譽表示拒絕，他一直謙遜地說自己不過是改良的人；但是我認為，對瓦特先生發明蒸汽機質疑，就和對艾薩克·牛頓先生發現萬有引力質疑一樣，在研究物體引力的過程中，法國的數學家笛卡爾 [58] 和義大利天文學家、物理學家伽利略 [59] 都是先行者，都曾做出過突出的貢獻；但是我們不能因此將後來者的功績否定。在蒸汽機的革新道路上，瓦特先生的工作的確是以紐科門等前輩的工作為基礎進行的，但是他由此獲得了劃時代的技術突破，這一點可是有目共睹的。所以，在一項科學發現中，我們應該對一切做出貢獻的人的歷史地位進行公正的評判。瓦特先生從來都沒有以「蒸汽機發明者」的身分自居，因為在他看來，這是一項神聖無比的榮譽。身為一位品格高尚、恪守科學精神的學者，他從來都對那些阿諛奉承之詞嗤之以鼻，他需要的不過是大眾承認他在蒸汽機改良過程中做出的貢獻而已。

✦ 韓弗理·大衛：

身為和瓦特先生生活在同一時代的人，能夠親眼目睹他的偉大成就，感受他偉大的人格魅力，我感到萬分榮幸，並且

---

[58]　勒內·笛卡兒（Renatus Cartesius），西元 1596 至 1650 年，法國數學家、物理學家、哲學家。

[59]　伽利略·伽利萊（Galileo Galilei），西元 1564 至 1642 年，義大利物理學家、天文學家、哲學家，近代實驗科學的先驅。

在我看來，將他的事蹟和精神傳遞給子孫後代我義不容辭。有
些人覺得瓦特先生不過是一位傑出的機械師而已，這種觀點是
徹底錯誤的；他同時還是一位物理學家和化學家，一系列的偉
大發明全都是科學理論和實際工藝完美結合的產物，而這種結
合正是產生創造力的泉源。最早的蒸汽機工藝很粗糙，效率很
低，僅僅是透過簡單地壓縮空氣和蒸汽產生一些能量。瓦特先
生的改良工作並非隨意為之或者異想天開，而是以大量可靠的
實驗資料為基礎，還充分利用了布萊克博士的潛熱理論。他對
汽缸不能自始至終維持溫度的問題進行反覆的研究，設計出了
擁有密封頂部的汽缸還有分離式冷凝器，並且利用蒸汽的膨脹
性來讓汽缸的溫度得以維持；這需要經過無數次艱苦卓絕的試
驗，才能得到令人滿意的結果；在找到理想的蒸汽機設計原則
之後，還得有一流的設備以及加工工藝，才能將其付諸實施。

　　阿基米德在敘拉古城破之時不幸死在羅馬士兵手下，這位
古希臘的科學巨匠沒有能夠用自己的智慧挽救國家的命運。而
我們這位現代的阿基米德做出的貢獻有多大呢？他用自己的智
慧和雙手為英國人民造福，我們的國家在發動機的轟鳴聲中率
先進入工業時代。阿基米德的貢獻集中於科學的理論；而詹姆
斯·瓦特恰恰相反，他將所有的理論都在生產實踐應用，他把
書本上的科學知識搬進了工廠車間。阿基米德的不少科學成就
隨著他的死一起消逝了，而現代物理學家卻在運用他們的研究
成果讓社會生活的方方面面得到改變；這些偉大的成就正是科
學與智慧、天賦與道德力量取得的勝利。

✦ 詹姆斯・麥金托什 [60]：

　　對瓦特先生這樣尊貴的人物進行評價，真的讓我感到萬分惶恐，我覺得最好還是引用偉大的現代哲學之父培根 [61] 爵士的觀點吧，在這位先哲看來，發明家就是生活中的藝術家。在《新大西洲》裡，他為我們虛構了一個社會，這個社會由所羅門院、政府、議會、研究院構成，政治和社會組織並非這部作品的重點，對那些處於社會底層卻有著聰明才智和創造力的勞動者和手藝人進行歌頌才是，這本書濃墨重彩地展現了在理想社會中，先進技術將會發揮多麼巨大的用途，技術是構建理想社會的關鍵因素之一。不知道如果瓦特先生去了新大西洲的研究院，培根爵士會為他安排一個什麼樣的位置？想到這位先生有如此眾多的發明創造，整個世界都因他那天才的頭腦和勤奮的雙手而受益，我想在從古至今各個國家的所有發明家隊伍中，瓦特先生必然會站在最前面。培根爵士在這部作品中花費了大量筆墨描繪發明創造在「新大西洲」社會生活中做出的巨大貢獻，並認為，那些「人民的恩人」、社會的「領路人」和創造了「美麗神話」的人們理應得到社會的尊重，發明家們應當像國家的建立者、法律體系的制定者、推翻暴君的英雄以及那些被尊為「人民之父」的偉人們一樣享有神聖的榮譽。

---

[60]　詹姆斯・麥金托什 (Sir James Mackintosh)，西元 1765 至 1832 年，英國作家。
[61]　法蘭西斯・培根 (Francis Bacon)，西元 1561 至 1626 年，英國哲學家、思想家、作家。

✦ 亞伯丁伯爵：

我不知道怎樣才能表達我對瓦特先生的無限敬仰與欽佩之情，他用自己的天賦和才華發現了一條途徑，讓我們這個國家從此走上了強盛富裕的道路，他的名字將永遠和祖國緊密地連繫在一起。他那些令人激動的發現，為機械動力在未來創造無與倫比的奇蹟打下了堅實的基礎，為全人類插上了一雙強有力的翅膀。他的名字將和那些君主、政治家、民族英雄、哲學家們一同青史留名，任何一個人都會在心中為他豎立起一座紀念碑，後人將永遠銘記他的成就和光輝的形象。

✦ 傑佛瑞勳爵：

這個名字我們無須刻意紀念，這是因為他戴上成就與榮譽的王冠是眾望所歸；哪個人遲早都會從這個世界離開，但他走的時候是「滿載榮耀」，可以說是功成而逝。瓦特先生是蒸汽機的改良者這一點無庸置疑；但是，考慮到他做出的歷史性技術革新成就，我們稱他是一位發明家是更合適的；正是他的發明，讓笨重粗糙的蒸汽機得以從實驗室走進了社會生活的各個角落，極大程度地減輕了人們的勞動強度，讓製造業得以飛速發展。瓦特式蒸汽機在所有的領域均展示出了強大的機械動力以及廣泛的適用性，就如同大象的鼻子，幾乎是無所不能的，它既能將一根細小的稻草吸起來，又可以把一棵大樹連根拔起。它可以鍛軋鋼鐵，雕刻出精緻的圖章，還可以在棉布上繡出精

美的圖案，壓碎無比堅硬的金屬，靈巧地抽出像蛛絲一樣纖細的絲線，驅動體積龐大的軍艦和貨船乘風破浪，平穩航行。

　　瓦特先生的一系列發明為國家創造了多少價值，我們很難準確地評估。全部的工業部門都應該感謝它們的恩賜；它們不僅讓加工製造業的產物品項得以拓寬，而且還把生產效率提高了上千倍。瓦特式蒸汽機贏得了全歐洲的市場，並且引領我們領先在工業化過程的最前線，為國家長期居於世界強國之列打下了堅實的基礎。在英國，這種擁有強大動力的機器已經在很大程度上取代了人工勞動，為製造業帶來了巨大的利潤，也大幅度地減輕了企業的稅負。然而蒸汽機的價值遠不止這些，它還有一層更重要的意義，那就是讓全人類進入到了一種新的生產生活方式中，促進市場飛速地繁榮發展，人們能夠更加便捷地獲得物美價廉的商品。瓦特先生的訃告中給予了蒸汽機公正客觀的歷史地位，「它武裝了人類，讓虛弱無力的雙手變得力大無窮；健全了人類的大腦，以便處理所有難題；它為機械動力在未來創造巨大的奇蹟打下了堅實的基礎，將有助於後代的勞動。他是一位天才，再沒有誰擁有像他那樣高貴的品行。全人類都向他致以最虔誠的祝福；傳說中的耕犁和織機的發明者被同時代的人虛構神化了，而蒸汽機的發明者才是那位真正走向神壇的人」。

　　瓦特一定會成為世代景仰的偉人；他為民族和國家做出的

不朽功勳會永載史冊。生前的好友和故人們每當追憶起和這位和藹、慈祥而機智的老人共事的歲月時，全都泣不成聲。

最後，我們引用的是當代最偉大的科學權威、格拉斯哥大學校長開爾文勳爵對瓦特的評價：

現在是 1901 年，整整 140 年前，在格拉斯哥大學的一間簡陋的工作間裡，詹姆斯・瓦特開始了革新高壓單動式注射型冷凝器蒸汽機的試驗工作。他為這種蒸汽機加上了一個用於收集廢氣的表面冷凝器，並安裝一臺用於鍋爐回水的抽水泵，改良後的蒸汽機熱效率有了明顯的提升，而且由於加工設備以及工人技術水準的提高，汽缸蓋與活塞連杆之間的氣密性得以保證。後來他又設計出了利用蒸汽的壓力來向雙方推動活塞做功的雙作用式蒸汽機，製成了新型的實用蒸汽機。在隨後整整一個世紀中，瓦特式蒸汽機在全世界都被廣泛的應用，它的身影出現在海洋、湖泊及河流中。即使是現在的雙缸、三缸及四缸發動機，也都是以瓦特當年提出的原理為依據，有限地改進了早期的發動機後設計出來的。

上面幾位權威人士的話證實，西元 1761 至 1766 年間，瓦特成功地解決了理想蒸汽機的設計原則問題，並給出了十分詳細的設計方案。

瓦特是這種「賜予人類改變世界面貌的強大動力機器」的發明家和發現者，他站在了「時代的最前端」是當之無愧的。

第十一章　瓦特其人

認為瓦特擁有過人的天賦一點都不為過，他不僅是一位科學家和哲學家，還是一位傑出的機械師和工匠，年紀輕輕就展露了卓越的才華，剛剛從倫敦學徒歸來，格拉斯哥大學一班著名科學家們就對他青睞有加，學者們還在他的工作間聚會和探討科學問題。而且他在學識上迅速超越了學校裡的朋友們，大學裡的學者們對此也很意外，這個年輕人每天不過待在他那個小工作間裡，看起來也沒怎麼很用功，但是他所表現出來的才華，卻是其他的人都望塵莫及的。人們不禁產生有了這樣的問題：他的頭腦究竟有哪些不同尋常的地方？他都在想些什麼？瓦特性格謙遜、內向、執著、敏感而又有些孤僻，對新事物總會充滿了好奇心，這些性格特質決定了他雖然在商業上不會有大的作為，但必定會是一位傑出的發明家和發現者。

熟悉瓦特的人都覺得他是個特別幸運的人，他的一生遇到了很多的貴人，這裡面有學識淵博的教授，也有資金雄厚的富商，他的朋友們從各個方面給予了他寶貴的幫助。他的好友傑佛瑞勳爵讚頌他是偉人中的偉人，儘管這多少帶著一些歌功頌德的意味，但是瓦特取得的成就和高尚的品格，讓大眾接受這種稱頌也有充分的理由。

傑佛瑞勳爵說：

除了在機械學領域獲得了偉大的成就，瓦特先生在別的很多領域都留下了自己智慧的結晶。或許在那個時代，只有他，

能對如此紛繁複雜的事物還保持著好奇心和求知欲。他彷彿對知識擁有與生俱來的理解力，還有無比強大的記憶力，可以快速從中提煉出精髓。但是更令人吃驚的是，在實踐中用到任何知識時，他依然能夠輕鬆自如地信手拈來，他認為每個學科都像是一位親密無間的朋友，他時刻在與他們充滿熱情地交談，自然可以不假思索地將每一位的性格特質說出來。對於瓦特這樣擁有敏銳洞察力和強烈好奇心的人而言，日常工作和生活就是求知與發現的最好途徑。他在化學、藝術以及大多數的自然科學學科上都擁有相當深厚的造詣，甚至在哲學、醫學、語源學、建築、音樂及法律等方面也有一定程度的涉獵，大部分近現代語言和文學他都熟悉。很多人可能無法想像，這樣一位優秀的機械工程師竟然可以興致勃勃地和別人探討德國邏輯學家們深奧而枯燥的形而上學理論，或者對德國詩歌展開評判，而且一說就是幾個小時。當然這些並不廣為人知，而且也不能從他的職業中推測出來。

他擁有驚人的記憶力和處理資訊的能力，可以把龐大的外界資訊快速分類整合，並且進行「去其糟粕，取其精華」。他能夠高度提煉概括任何一個進入頭腦中的概念，並將其完美地融入進原有的知識體系當中。他從來不會在空洞無物的書籍或漫無目的的閒談上浪費時間，他可以敏銳捕捉到其中有價值的資訊，並將其提煉為最簡單但實用性很強的形式。所以，我們總會遇到這種情況，因為瓦特先生的談話往往涵蓋大量高度概括

的理論，而且資訊量特別大，任何在他看來毫無價值的補充解釋性語言都沒有，他會用最精練的語言表達出最準確的意思，大多數的初學者自然總會被搞得一頭霧水。

　　他的談話是極富有時代性和指導性的寶貴資源是無庸置疑的；雖然身為眾人公認的科學權威，但是他和誰交流時都是和藹友善的態度，絲毫沒有傲慢與裝腔作勢。他年輕的時候性格內向，不善言辭，老了反而變得健談了，儘管這樣，在很多的聚會場合，他還是喜歡一個人安靜地站在旁邊，聽別的人發表意見，認真地思考，偶爾表達一下自己的觀點。他興趣廣泛，知識儲備幾乎涉及一切學科，所以可以輕鬆地滿足各種不同口味聽眾的要求，很多領域的學者在他那裡都可以找到共同話題。多年來，他始終保持著平和中不乏幽默詼諧的談話風格，雖然擁有極大的資訊量，但邏輯性和條理性極強，而且語言通俗幽默，可以把大量深奧的科學理論解釋得深入淺出。他性格溫和，幾乎不會發怒或指責別人，特別是對待年輕的朋友們，態度更是親切而友好，對於年輕人而言，來自他的肯定與鼓勵比來自任何其他權威人士的讚賞都更有意義。他的嗓音低沉而有力，即便講話時總會語調低沉且略顯平淡，但是和話題是極為協調的。特別是談起那些令人高興的趣聞逸事時，他的表情神采奕奕，淡淡的微笑在嘴角浮現，快樂的情緒會迅速將周圍每一個人感染。他一生從不曾自我炫耀，只是以溫和而冷靜的心態，默默無聞地忙碌著生活與事業。他對魯莽、自負及傲慢

輕浮的人極度憎惡，並一生都恪守正直誠實的行為準則。

瓦特的性格不僅友善謙和，而且慷慨大方，總是周到細心地考慮周圍所有人的感受；對於身邊展露出才華的年輕人，他從來都不吝讚美之詞，而且會毫無保留地給予他們熱情的建議，並為他們提供無私的幫助。他小的時候身體羸弱，但是上了年紀後，他的健康狀況反倒越來越好了，不僅充滿活力，思維敏捷，性格也變得越來越開朗了。

即使是在 1817 年秋天，他最後一次回蘇格蘭老家旅行時，他的精神依然矍鑠；晚輩的敬仰、朋友間的友情，特別是親眼目睹自己的智慧結晶正在改變著大家的生活，為社會創造了巨大的價值，這位老人都感到十分的欣慰。瓦特老年的時候很喜歡擺弄他發明的那種雕刻拷貝機，曾用它複製過各式各樣精緻的雕像；他還如同一位年輕的藝術家一樣，饒有興致地將一些作品送給朋友們，實際上他那時已經是 83 歲的高齡了。

一切恪守科學精神的人都是他的朋友。他的品格正直而謙和，就算是面對那些覬覦他成就的人，他也展現出了學者的大度與寬容，盡力將一切不和諧的聲音消除。我們能夠負責任地說，當他從這個世界離開時，唯一留下的就是財富和友情。

瓦特青年時期最親密的朋友之一羅比森教授給予他的成就與品格高度的讚揚，並回憶了他們兩人參加一場蘇格蘭學者聚會時的場景：

　　他學識十分淵博，這一點無庸置疑，朋友和夥伴們都了解
他的個性純樸而且十分直率。在這裡，我不得說我從來沒有
見過像他這樣贏得廣泛尊重與敬仰的人，周圍的人全都深深地
折服於他的學識和人格魅力，大家都尊他為長者和導師，心甘
情願地接受他的指導，聽取他的建議。他待人和藹謙遜，處理
問題公正嚴謹，總是熱情慷慨地為身邊每個有困難的人提供幫
助。瓦特先生是我平生所見的首位真正擁有獨創精神的人，即
便是人們司空見慣的事物，他也能夠以獨特的思維方式得到令
人驚喜的發現。我想我完全有這樣說的資格，這是我和他共事
多年的經驗之談。

　　這是一位縮短了時空的人，這是一位能夠駕馭大自然力量
的強者，這是一位用他那神祕莫測的機器將世界面貌改變的魔
術師。可能人們現在才開始意識到，他不只是一位造詣超高的
科學家、一位完美結合了動力機械與理論計算的發明家、一位
擁有遠見卓識的學者，同時也是一位和藹謙遜的偉人。瓦特先
生被一群北方的文學界人士圍在中間，這些人都聲望顯著，見
解也很獨到，他和那些憑藉個人奮鬥而享譽全國的著名學者們
相比也毫不遜色。在我看來，那場聚會上的所見所聞將成為我
一生中最為寶貴的記憶。這位和藹、慈祥而機智的老人充滿活
力，思維敏捷，他認真傾聽所有人的問題，他發言時投入的神
情，吸引了每個人的目光。他在和一位造詣深厚的語言學家探
討字母的起源問題時，好像他自己就是和創造字母的卡德莫斯
生活在同一時代的人；他和一位著名評論家討論時，你可能會

以為這位老人畢生都在從事政治經濟學和純文學的研究；科學問題自然不必多說，因為那是他最擅長的老本行。

布魯厄姆勳爵說：

瓦特先生是一位真正的偉人，他用自己的天賦和才智化作無窮的力量，可以說是武裝了全人類；他取得的劃時代成就讓他當之無愧地成為學者的典範，他用奮鬥勤勉的一生譜寫了屬於那個時代的科學精神。特別難能可貴的是，他個人生活的各個方面都幾近完美：他思維活躍，飽含活力，沒有任何有價值的事物能夠逃過他那敏銳的目光；他知識涉獵極廣，就算是那些看起來十分枯燥，或者與他的工作沒有任何關係的領域，都可以引起他強烈的求知欲。他智慧的光芒幾乎將整個知識的殿堂照亮，從數學、天文學、植物學等所有自然科學學科到各種文學作品、詩歌、小說，甚至古代文學和語源學，他無一不涉獵。他天生就擁有快速吸收所有知識的能力，他的談話簡潔而精準，且擁有極大的知識量，每個聽眾都會為之震撼。他記憶力非凡，他的大腦中好像有一臺高速運轉的鼓風機，可以快速將各類知識的「穀殼和果皮」脫掉，然後精確地為每類資訊分配各自的儲存空間。特別是在和瓦特先生探討問題時，我們更能深切感受到大師學識的廣博，還有人格上的虛懷若谷，這位老人直率熱情，而且沒有一絲一毫的學閥作風，就算是在那些他絕對可以稱得上是權威的領域，他也會同樣謙遜地聽取任何人的意見，財富與成就為他帶來的只有尊嚴、心境平和還有

自知之明。我十分榮幸地與瓦特先生相交多年，身為一位公眾人物，他無疑取得了備受世人矚目的巨大成就，而在個人生活裡，他依然是晚輩們心目中的典範，長久以來，他那純樸、公正、率直與嚴謹的品格和處事態度一直影響著朋友和夥伴們。

布魯厄姆勳爵、傑佛瑞勳爵、華特先生及其他很多人對瓦特先生的成就和品格的評價，讓我們不禁想起了《亨利五世》中坎特伯雷大主教開場白中的一段對話：

只要聽他談論神學，你就不由得要衷心佩服，希望國王能擔任高級聖職；聽他分析國事，你就要說他是研究有素；聽他談論戰爭，你就會聽到他將一場戰事像音樂一般為你演奏出來；向他提出任意一個政治問題，癥結所在無不手到病除，熟練程度堪比解開他的襪帶；他開口說話的時候，放蕩不羈的空氣彷彿都靜止了，無言的驚異之情躲在人們的耳朵裡，想要劫持他那美妙的談吐。

我想如果多才多藝的瓦特當時在場的話，國王必然會喜出望外。

西元 1799 年，潛熱的發現者布萊克博士在臨終之時，獲悉高等法院最終裁定瓦特的專利有效，他用十分虛弱的聲音，平生最後一次由衷地祝福了好友：「沒有什麼能比聽到傑米的好消息更讓我欣慰的了。」

英國當時的首相利物浦伯爵曾高度地讚揚瓦特：他謙遜的

品質、純樸直率的品格、勤勉而從不自我炫耀的科學精神以及在應用科學與實際工藝領域的偉大貢獻將青史留名。我從來沒有見過像他這樣卓越而和藹可親的人。

　　詹姆斯・瓦特是一位發明家，同時他也是一位發現者，他為人類開闢出了一條通往文明與財富的光明道路，他那燦爛光輝的一生已經成為一個時代的寫照。誠然，他的學識與成就是我們永遠無法企及的，在漫漫歷史長河當中，能夠像他那樣站在時代潮流前頭的人物也是鳳毛麟角的，但他那高尚的品格和科學精神將永遠為後人照亮前進的道路，他的智慧、堅毅與勇氣將永遠激勵著一代代後人為創造美好生活而不懈奮鬥前行。

　　傑米・瓦特，一位慈祥而快樂的老人，一位無數人心裡畢生的朋友和導師，平靜地離開了我們，卻為全人類留下了一個無比光輝而偉岸的身影。

　　「他一生都很善良，種種交織在他身上的美德，能夠讓造物者肅然起敬，並向全世界宣告：『這是一位真正的偉人！』」

電子書購買

爽讀 APP

國家圖書館出版品預行編目資料

瓦特傳 JAMES WATT：改良式蒸汽機、分離式冷凝器、齒輪聯動裝置、雙作用式發動機……工業時代的開闢者，以機械動力武裝了全人類！/ [美] 安德魯 · 卡內基（Andrew Carnegie）著，郭巧懿 譯 . -- 第一版 . -- 臺北市：崧燁文化事業有限公司 , 2024.01
面；　公分
POD 版
譯自：James watt.
ISBN 978-626-357-927-9(平裝)
1.CST: 瓦特 (Watt, James) 2.CST: 傳記 3.CST: 英國
784.18　　112022353

瓦特傳 JAMES WATT：改良式蒸汽機、分離式冷凝器、齒輪聯動裝置、雙作用式發動機……工業時代的開闢者，以機械動力武裝了全人類！

臉書

作　　　者：[美] 安德魯·卡內基（Andrew Carnegie）
翻　　　譯：郭巧懿
編　　　輯：許詠淳
發 行 人：黃振庭
出 版 者：崧燁文化事業有限公司
發 行 者：崧燁文化事業有限公司
E - m a i l：sonbookservice@gmail.com
粉 絲 頁：https://www.facebook.com/sonbookss/
網　　　址：https://sonbook.net/
地　　　址：台北市中正區重慶南路一段六十一號八樓 815 室
Rm. 815, 8F., No.61, Sec. 1, Chongqing S. Rd., Zhongzheng Dist., Taipei City 100, Taiwan
電　　　話：(02) 2370-3310　　傳　　真：(02) 2388-1990
印　　　刷：京峯數位服務有限公司
律師顧問：廣華律師事務所 張珮琦律師

─ 版權聲明 ─────────────────

定　　　價：299 元
發行日期：2024 年 01 月第一版
◎本書以 POD 印製
Design Assets from Freepik.com